考えなくていい

冷凍作りおき

上島亜紀

ナツメ社

冷凍作りおきがあれば、考えなくていい。加熱するだけで、あっという間に晩ごはん！

　仕事や子育てなどバタバタした中で、頭が痛いのが毎日のごはん作り。頻繁に買い物に行く時間はないし、食材の下ごしらえにあまり時間をかけてもいられません。そんなときこそ、便利なのが作りおき。週末、たくさんの作りおきおかずを作り、冷蔵庫へストックする、という人も多いのではないでしょうか。ただ、せっかく頑張って作った冷蔵の作りおきも、意外と賞味期限が短いので「これ、まだ大丈夫かな？」なんていう不安な気持ちになることも……。

　その点、冷凍の作りおきなら、買い物から帰って、食材を冷蔵庫にしまうついでに、下味をつける、加熱前までの下ごしらえを済ませて冷凍しておけば、常に賞味期限を気にする必要がありません。下味がついていたり、半調理されているから、献立に迷うこともなくなります。冷凍庫にあれがある！とわかれば、何も考えずに作るだけだから、本当にラク！　食べたいときに、短時間でパパッと作ることができる上、何より、できたてのおいしいごはんが作れるのがうれしいところですね。

　つい先日も、家族で用事を済ませ、外食するにも中途半端な時間で、家で何か作ろうかな……と思い、冷凍の作りおきを使って調理したところ、なんと20分で主菜、副菜、スープが完成し、家族も「えっ！？もうできたの？」なんて、うれしい驚きの声が出たほどです。冷凍作りおきは自分で作る、賞味期限の長い最強のミールキット。もう、手抜きなんて言わせませんよ。

上島亜紀

Before
冷凍作りおきで
ガパオ
After
考えなくても
晩ごはん！

＼考えなくていい／

冷凍作りおきのルール4

週末にまとめておかずを作りおきするなら、より保存性の高い『冷凍作りおき』がおすすめ。食材を無駄なく使い切る、平日の食事が抜群にラク、節約できるなど、いいことづくめです。

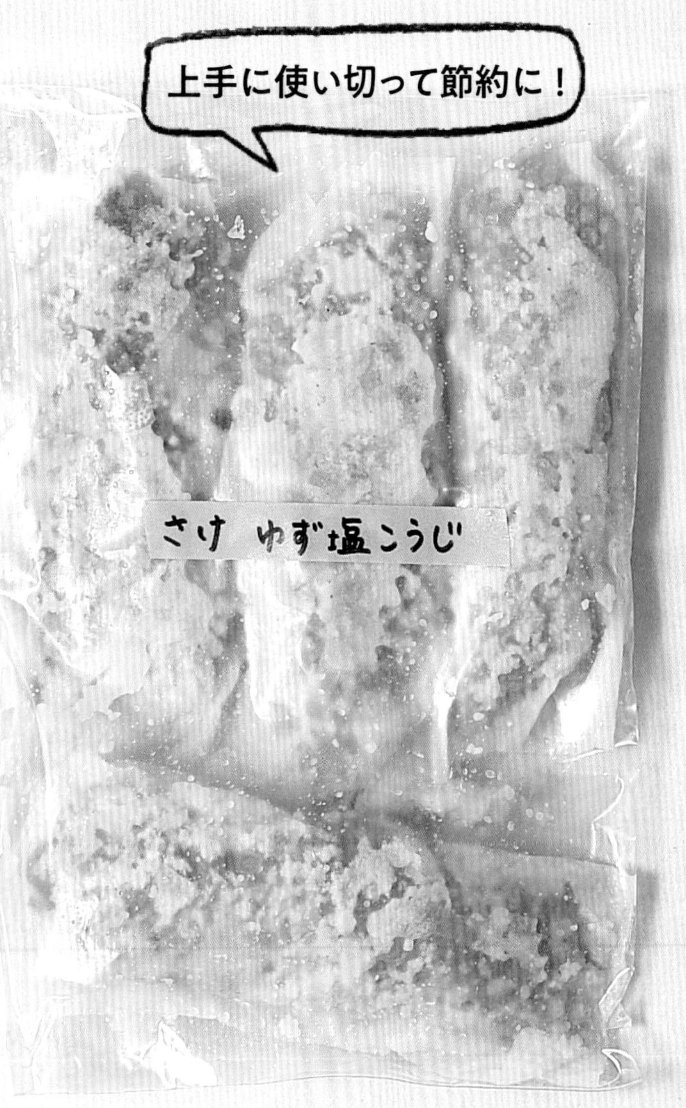

肉と魚は下味冷凍

冷凍保存に向いている食材といえば、肉や魚。それぞれに適した下処理をしてから冷凍し、上手に解凍すれば、いつでもおいしく食べられるのも魅力です。中でも、鮮度のいい状態のときに、下味をつけて冷凍するのがおすすめ。生のまま冷凍するよりも、味が落ちず、乾燥も防いでくれますし、何より、冷凍庫にストックされているだけで、焼いたり、揚げたり、野菜と炒めたりして夕飯の一品が完成！ 味つけを考える必要がなく、加熱するだけだから本当にラク。しかも、おいしさは保証つき。ふっくらとしていてジューシーな味わいも下味冷凍ならではです。

memo

ジャンボパックやセール買いの肉・魚は下味冷凍をして節約に

現在、節約中という人こそ、下味冷凍がおすすめ。ジャンボパックやセールで安い肉や魚を大量に購入したら、小分けにして、それぞれに下味をつけて冷凍を。そうすればおいしく使い切ることができます。腐らせてしまうことがなくなり、おいしく楽しく節約することができますよ。

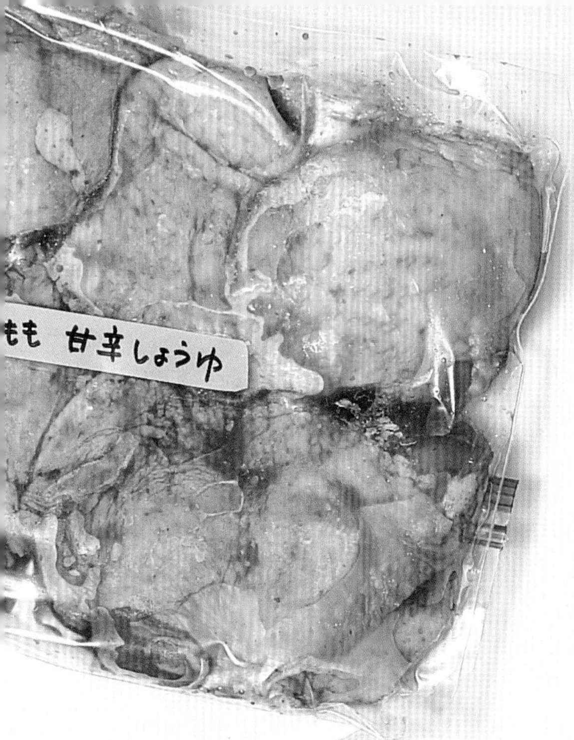

下味のバリエーションを広げる

調味料で下味をつける場合、塩・こしょう味、しょうゆ味などは思いつきますが、バリエーションに乏しいと飽きてしまいがち。本書では、和・洋・中・エスニックなど約30種類の下味を紹介しています。基本的には、どんな肉や魚に合わせてもおいしいので、巻末の『下味冷凍早見表』(P126)を参考にして、さまざまな下味冷凍に挑戦してみましょう。数種類の下味冷凍がストックしてあれば、毎日の献立を考える必要がありません。その日の気分で食べたい味を選び、焼く、炒めるなど加熱するだけ！残った調味料で野菜を炒めれば添え野菜も作れます。

下味のバリエーションは約30種類！

和 みそ／甘辛じょうゆ／塩麹／甘みそ／にんにくしょうゆ／梅だし／はちみつしょうゆ／にんにくみそ／酒粕／だししょうゆ／ねぎみそ

洋 ハニーマスタード／ガーリックバジル／レモンハーブ／トマトケチャップ／ガーリックソース

中 花椒みそ／コチュジャン／オイスターソース

エスニック タンドリー／カレー

もも 甘辛しょうゆ

ハニーマスタード

考えなくてもいろんな
味のおかずが楽しめる！

ルール 3

晩ごはん作りのついでに時間のあるときは、半調理冷凍

晩ごはん作りのついでに時間があるときや、週末に時間がとれそうなときは、肉や魚、野菜、調味料を合わせて冷凍する『半調理冷凍』がおすすめです。半調理冷凍とは、加熱する直前まで仕込んでおき、調味料も全て合わせて冷凍しておく方法。下味冷凍では、焼くなどシンプルな調理法になりがちですが、半調理冷凍なら、最初の下ごしらえから作ると時間のかかる料理も加熱するだけで完成！どんなに忙しくても、家族が喜ぶ晩ごはんが作れるので本当におすすめです。焼き鳥やビビンバ、トマト煮、回鍋肉、キーマカレー、ハンバーグ、えびチリなど、当日材料を切る、調味料をはかる手間は一切なし！　ぜひ、半調理冷凍で『晩ごはん貯金』を始めてみませんか？

memo

面倒な下ごしらえと調味料の計量を済ませているから、当日は加熱するだけ！

忙しい日の晩ごはん作りは、とにかく簡単に済ませたいもの。材料や調味料を多く使う料理は特に、手間と時間がかかるのでNG。半調理冷凍なら、材料を切ったりなどの面倒な下ごしらえ、調味料の計量も済ませているので、あとは加熱するだけ。たくさんストックしておくと便利です。

加熱するだけ！

忙しい日の晩ごはん貯金に！

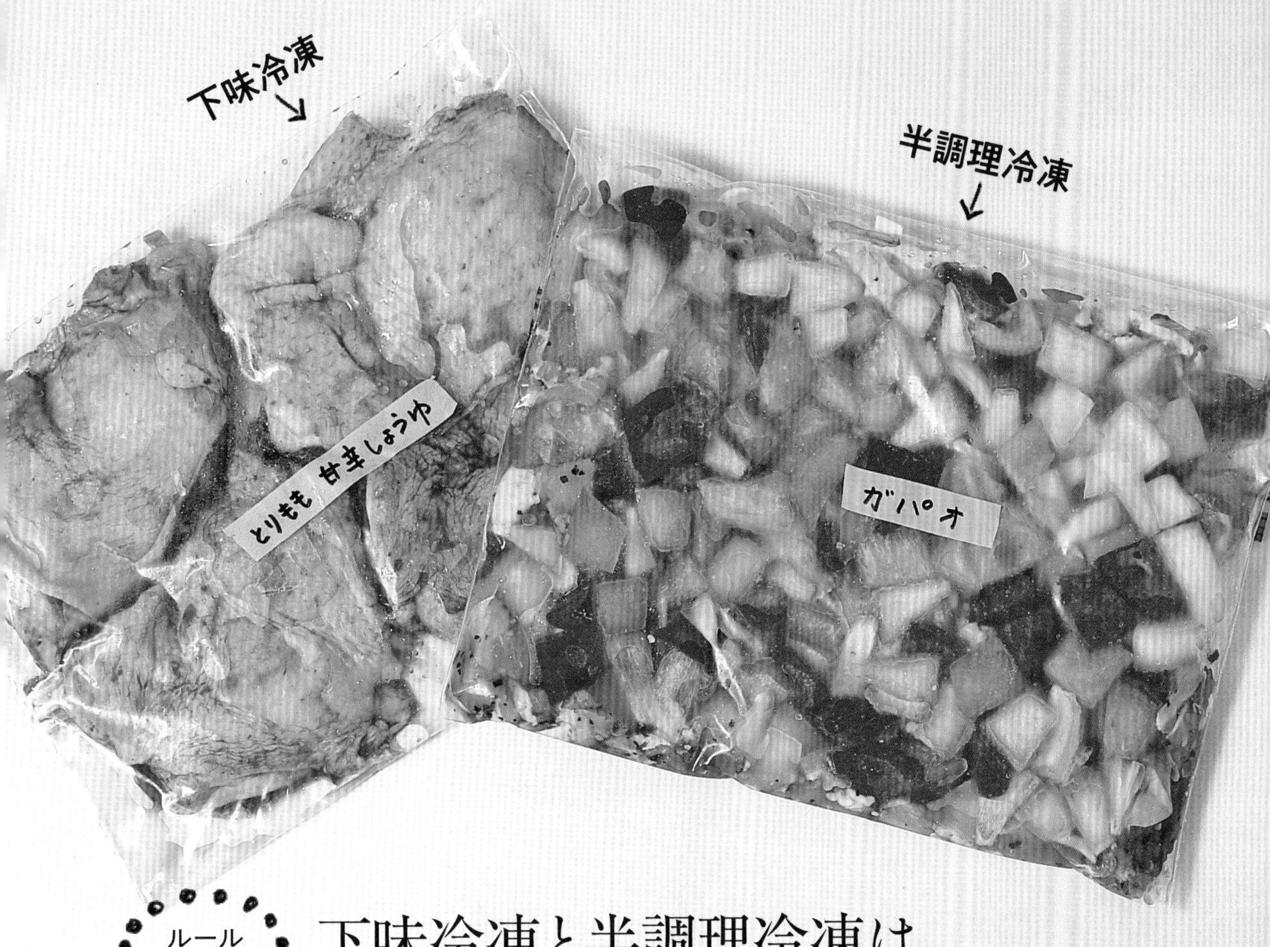

ルール 4 下味冷凍と半調理冷凍は毎週2個ずつ作って冷凍がベスト

冷凍作りおきが便利だからといって、週末に大量に作る人もいるかもしれませんが、結果的に使いきれず、無駄にしてしまうこともあるので注意しましょう。おすすめは、毎週、肉と魚が偏らないように下味冷凍と半調理冷凍を２種類ずつ作ること。週末に買った食材によって使い分けるのもいいかもしれません。これらを週末に作っておけば、週の半分以上は献立も決まったようなもの。1日おきに利用するだけでも、献立を考えたり、食事を作ったりする手間がグンと省けます。気持ちも体もラクになるので、ぜひ、挑戦してみてください。

２個ずつならラクに作れそう！

＊組み合わせ例＊

[下味冷凍]
コチュジャン漬け(P44)
甘辛じょうゆ漬け(P18)
〈半調理冷凍〉
さばと野菜の和風トマト煮(P78)
ガパオ(P22)
↓

- 月 [下味]コチュジャン漬けで炒め物
- 火 普通に作る
- 水 〈半調理〉さばと野菜の和風トマト煮
- 木 普通に作る
- 金 [下味]甘辛じょうゆ漬けで竜田揚げ
- 土 〈半調理〉ガパオライス
- 日 普通に作る

＼これだけはおさえておきたい／

冷凍保存のコツ5

本書でメインに紹介している『下味冷凍』と『半調理冷凍』の冷凍保存のコツをご紹介します。どれもおいしく冷凍するために大切なポイントなので、しっかりと理解しましょう。

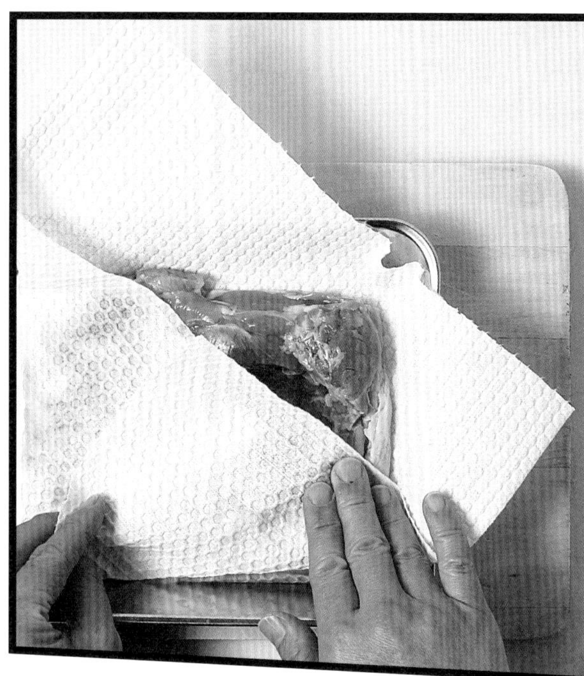

コツ1

食材は水分をしっかり拭き取る

肉や魚は、表面についている水分（ドリップ）をペーパータオルなどでしっかりと拭き取ることがポイントです。この水分はたんぱく質や旨味成分も含まれているため、臭みの原因にもなります。水分をしっかりと拭き取ってから、下味冷凍、半調理冷凍を。下味をつけたり、半調理の材料を合わせたら、冷凍用保存袋に入れ、空気を抜いて平らにして密閉を。トレーに入れた状態で冷凍がおすすめ。

コツ2

みそや麹などで漬けるときはペーパータオルで包んでから

切り身魚や鶏肉、豚ロース肉などをみそ床や麹床などで漬けるときは、ペーパータオルで包んでからがベスト。直接塗ったまま冷凍すると、解凍したときに水分が出やすくなるだけでなく、みそ床や麹床を拭う手間が発生し、拭いきれなかったみそ床や麹床は焦げる原因に。少し面倒でも1つずつペーパータオルに包んで下味を塗り、冷凍用保存袋に入れて冷凍を。食べるときは解凍してペーパータオルをはがし、調理して。

コツ3 冷凍に向いている野菜・果物を把握する

野菜や果物は、どんな種類でも冷凍に向いているというわけではありません。冷凍に向いている野菜・果物は、水分や繊維質が少ないもの。例えば、ブロッコリーやパプリカ、きのこ、さやいんげん、かぼちゃ、なすなどの野菜やバナナやアボカド、みかんやベリーなどの果物がおすすめ。トマトは冷凍することで、旨味が強くなりますが、食感が変わってしまうので煮込みやソースに使いましょう。

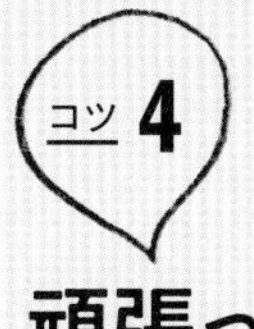

コツ4 頑張って作りすぎないこと

「大量に作っておけばラクになれる！」と作りすぎるのは、おすすめできません。食べきれずに無駄にしたり、飽きてしまったりする原因に。まずはP7でおすすめしている『下味冷凍』『半調理冷凍』を2種類ずつ作り、添え野菜を用意するところからスタートを。

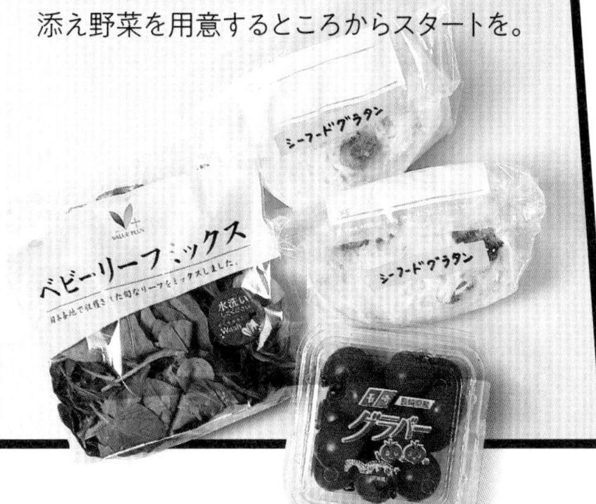

コツ5 半調理冷凍の際は調味料に野菜をつけない

肉、魚、野菜を料理に合わせて下処理をし、合わせ調味料を加えて冷凍する『半調理冷凍』。おいしく作るポイントは、冷凍用保存袋に肉や魚を入れ、調味料を合わせて入れて揉み込んだあとに、野菜を入れること。野菜には調味料をつけないようにするのがコツです。

＼冷凍作りおきを／

おいしく調理するコツ

『下味冷凍』と『半調理冷凍』の２種類を作ったら、
次はおいしく調理するコツをおぼえましょう。
それぞれによって解凍法が違うので、
チェックしてみて。

凍ったまま調理

半調理冷凍のものは凍ったまま加熱が基本

加熱する前の状態まで作って冷凍した『半調理冷凍』は、あとは加熱するだけなので、凍ったままの状態でフライパンに入れ、火にかければOK！ ポイントは、最初に水を加え、蓋をして強めの中火にかけること。こうすることで、蒸し煮のような状態になり、全体から加熱されるので、ちょうどよい具合で解凍されながら、全体に火が通っていきます。周りから加熱されていきますが、中心部は凍ったままのことが多いので、途中で菜箸でほぐしながら加熱すると、全体に満遍なく火が通ります。水分が出がちなので、最後は蓋を外して水分を飛ばしましょう。

凍ったままフライパンに入れ、レシピの分量通りに水を加えて蓋をし、強めの中火にかける。沸騰するまで、蓋はしたままにする。半調理冷凍のものは、ほぼ共通。

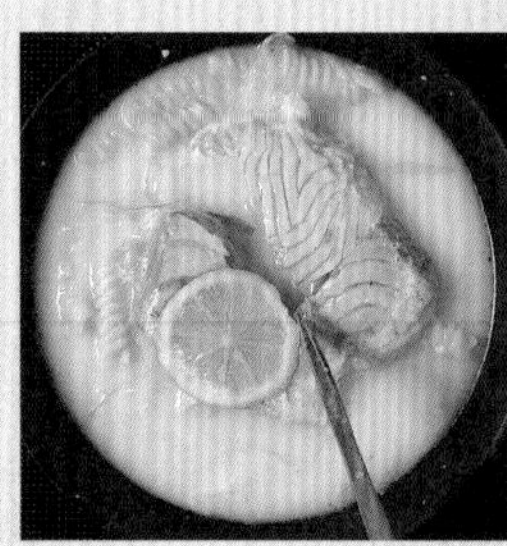

沸騰してきたら、蓋を外し、菜箸などで冷凍されてかたまっている部分を中心に、全体をバラバラにほぐしていく。そのあと蓋をしてさらにレシピの時間通りに煮る。

水分が多い場合は、蓋を外し、強火にして、水分を飛ばすように煮詰めていく。水けがなくなってきたら味見をして、足りなければ、調味料を足して味をととのえる。

下味冷凍は解凍してから調理が◎

肉、魚の下味冷凍は、基本的に解凍してからの調理がおすすめです。前の日に冷蔵庫に移して自然解凍してもいいですが、おすすめなのが、ぬるま湯をバットやボウルに入れて、そこに下味冷凍を入れて解凍する方法。流水よりも早く解凍できます。全量使う場合は、冷凍用保存袋ごと入れますが、使いたい分量だけ取り出す場合は、その分をポリ袋などに入れ、口を閉めてぬるま湯につけましょう。特にみそ床や粕床、照り焼きなど、焦げやすい下味の切り身や厚めの肉は解凍してから焼いた方が、焦げることなく、ふっくらジューシーに仕上がります。

解凍して調理

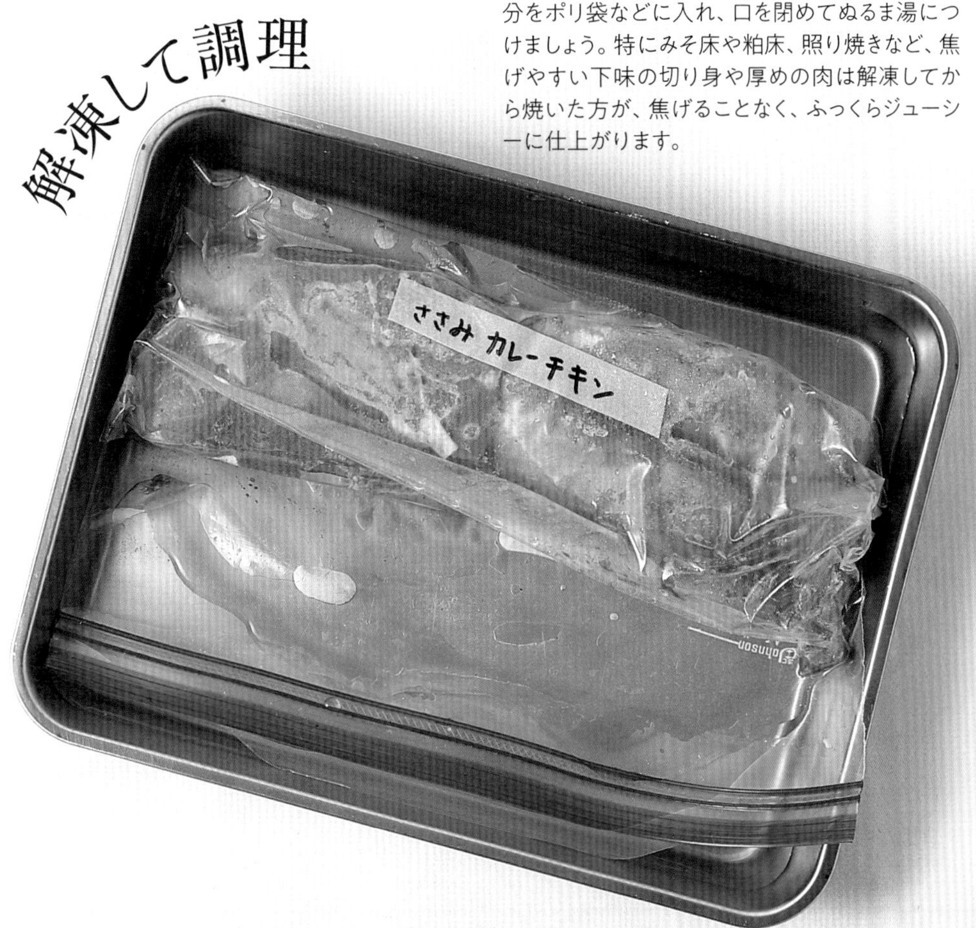

▶解凍 HOW TO

どうしても時間がないときは凍ったまま焼いてもOK

みそ漬けや粕漬けなどは、必ず解凍してペーパータオルを外してから焼きますが、それ以外の下味冷凍した肉や魚なら、フライパンで凍ったまま焼いてもOK。フライパンに凍ったままの下味冷凍を入れ、水を加えて蓋をし、蒸し焼きにします。ひっくり返し、さらに蓋をして蒸し焼きにするとおいしく焼き上がります。大きさ、厚さによって時間も変わるので、様子を見ながら加熱しましょう。

memo

冷凍するときは、冷凍用保存袋のサイズを変えても

本書では4人分の下味冷凍、半調理冷凍を基本とし、Lサイズの冷凍保存袋を使用しています。もし、一度に調理することが少ない場合は、Mサイズを2枚用意し、半量ずつ入れて冷凍してもOK。もしくは、Lサイズなら4等分になるように菜箸で線をつけて冷凍がおすすめです。

CONTENTS

この本の特徴と使い方

- 本書は、冷凍作りおきの本です。肉や魚に下味をつけて冷凍する **下味冷凍**、肉や魚、野菜、調味料を合わせて冷凍する[半調理冷凍]を主に紹介しています。
- 本書のレシピは、冷凍してもおいしく食べられる食材や調理法を厳選して紹介しています。
- おいしく冷凍する方法はP8～9、調理する際の解凍法はP10～11で紹介していますので、参考にしてください。
- 材料は４人分を基本とし、冷凍用保存袋はLサイズを使用しています。２人分で冷凍したいときは、材料、調味料を半分にして、冷凍用保存袋はMサイズを使用してください。
- **下味冷凍** するときは、１人分ずつでも取り出せるように、食材を重ねずに保存袋に入れましょう。**下味冷凍** のひき肉や、[半調理冷凍]は、４等分できるように長い菜箸などで切り分けてから冷凍してください。
- 計量単位は大さじ１＝15ml、小さじ１＝5ml、１カップ＝200ml、米１合＝180mlです。
- 「少々」は小さじ1/6未満を、「適量」はちょうどよい量を入れることを示します。
- 野菜類は特に記載のない場合、皮をむくなどの下処理を済ませてからの手順を説明しています。
- 電子レンジは600Wを基本としています。500Wの場合は加熱時間を1.2倍にしてください。

冷凍法＆食材名

下味冷凍 と[半調理冷凍]の冷凍法、食材名（部位）がひと目でわかるように表示。

冷凍保存期間

下味冷凍 と[半調理冷凍]の冷凍保存期間を表示。

調理法

下味冷凍 の場合は「焼く」「揚げる」などの解凍した後の調理法を紹介。

下味冷凍
鶏もも肉

噛んだときのジューシーさがたまらない、
旨味とコクのある鶏もも肉。下味冷凍しておけば、
ただ焼くだけでもしっかりと様になるおかずが作れます。

下味冷凍1
みそ漬け｛冷凍2週間｝

程よくみその風味がついた鶏肉は、ごはんとの相性抜群。
混ぜ合わせたみそとみりんを塗るだけの簡単下味冷凍です。

下味をつける（4人分）

鶏もも肉２枚（1枚300g×2）はペーパータオルに包んで水けをおさえる。半分に切り、身の厚いところに切れ目を入れる。1枚ずつペーパータオルに包み、その上からよく混ぜ合わせたみそ大さじ4とみりん大さじ4を1/4量ずつ両面に塗る。冷凍用保存袋に鶏肉が重ならないように入れ、空気を抜いて口を閉じ、バットにのせて完全に凍るまで冷凍する。

食材バリエ
・同量(g)の豚肉、牛肉などのロース肉（とんかつ用）、鶏むね肉、鶏ささみでも。
・同量(g)の鮭、ぶり、たらなどの切り身魚でも。

下味冷凍2
甘辛じょうゆ漬け｛冷凍2週間｝

甘辛に漬けた鶏肉はアレンジの多彩さが魅力。
今回は竜田揚げのレシピを紹介します。

下味をつける（4人分）

鶏もも肉２枚（1枚300g×2）はペーパータオルに包んで水けをおさえる。半分に切り、身の厚いところに切れ目を入れ、七味唐辛子小さじ1/2～1を全体になじませる。冷凍用保存袋に鶏肉、しょうゆ大さじ2、砂糖大さじ1、酒大さじ1、かつお節5gを入れて揉み込む。鶏肉が重ならないように並べ、空気を抜いて口を閉じ、バットにのせて完全に凍るまで冷凍する。

食材バリエ
・同量(g)の豚肉、牛肉などのロース肉（とんかつ用）、鶏むね肉、鶏ささみでも。
・同量(g)の鮭、ぶり、たらなどの切り身魚でも。

18

焼く　ぬるま湯で解凍（P11）
みそ焼き（2人分）

「みそ漬け」半量を解凍し、ペーパータオルをはがす。ペーパーについているみそは捨てずにとっておく。フライパンにサラダ油大さじ1/2を熱し、みそ漬けを皮目が下になるように入れ、弱めの中火で蓋をして３分ほど焼き、ひっくり返して蓋をし、５分焼く。

添え野菜Recipe
・フライパンに残った油でもやし1/2袋、石づきを切り落としてほぐしたしめじ1/2パック分を炒め、とっておいたみそを加えてさらに炒める。3cm幅に切った万能ねぎ２本分を加えてさっと炒め、塩、こしょう少々で味をととのえる。

その他の食べ方例
・衣をつけて竜田揚げに
・野菜と一緒に炒める

揚げる　ぬるま湯で解凍（P11）
鶏の竜田揚げ（2人分）

「甘辛しょうゆ漬け」半量を解凍し、ペーパータオルで水けをおさえ、３等分に切り、混ぜ合わせた片栗粉大さじ3、小麦粉大さじ2をまぶす。フライパンに1cm深さの揚げ油を入れて180℃に熱し、両面を揚げる。

添え野菜Recipe
・キャベツ４枚をせん切りにする。

その他の食べ方例
・魚焼きグリルで焼く
・フライパンで焼く

19

食材バリエ

同じ下味でもおいしく食べられる、その他のおすすめの食材を紹介。

添え野菜Recipe

下味冷凍 と[半調理冷凍]を調理した後に一緒に添えたい、添え野菜レシピ。

その他の食べ方例・盛りつけ例

下味冷凍 を調理するときの、その他のおいしい食べ方例を紹介。これでバリエーションが広がります。盛りつけに特徴のあるレシピは、見栄えがよくなる盛りつけのポイントも紹介。

考えなくていい肉の冷凍作りおき

忙しい日にあると便利なだけでなく、
特売日に多めに買った肉を保存したいときも
冷凍作りおきが便利です。
味が染みてやわらかな肉料理が楽しめます。

「考えなくていい」肉がメインの献立

豚のコチュジャン炒めの献立

お腹がすいてガッツリ食べたい日におすすめの、肉料理の献立。豚のコチュジャン炒めを作っている間に、冷凍しておいたトマトでスープを作れば、お腹を満たすメニューがパパッと完成します。

鍋に水、酒、トマトを入れて、沸騰したら塩、こしょうで味つけ。最後に溶き卵を回しかけて。

冷凍野菜 冷凍トマト→P64

トマト

→After
フライパンに残った
タレで、お好みの
野菜を炒めて添えて
豚のコチュジャン炒め→P45
ほかほかのごはんを
よそって！
小口切りにした
万能ねぎを散らせば、
トマトの酸味が
おいしいスープに！

下味冷凍
鶏もも肉

噛んだときのジューシーさがたまらない、
旨味とコクのある鶏もも肉。下味冷凍しておけば、
ただ焼くだけでもしっかりと様になるおかずが作れます。

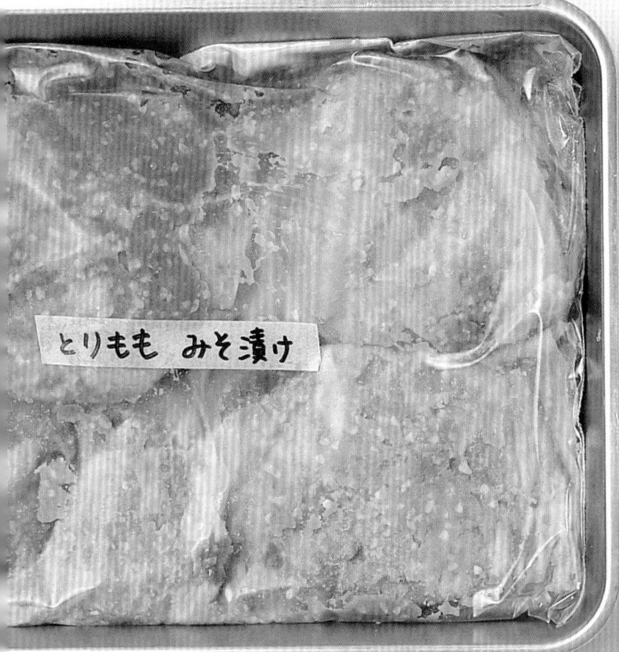

下味冷凍1

みそ漬け {冷凍2週間}

程よくみその風味がついた鶏肉は、ごはんとの相性抜群。
混ぜ合わせたみそとみりんを塗るだけの簡単下味冷凍です。

下味をつける（4人分）

鶏もも肉2枚（1枚300g×2）はペーパータオルに包んで水けをおさえる。半分に切り、身の厚いところに切れ目を入れる。1枚ずつペーパータオルに包み、その上からよく混ぜ合わせたみそ大さじ4とみりん大さじ4を1/4量ずつ両面に塗る。冷凍用保存袋に鶏肉が重ならないように入れ、空気を抜いて口を閉じ、バットにのせて完全に凍るまで冷凍する。

食材バリエ

・同量(g)の豚肉、牛肉などのロース肉（とんかつ用）、鶏むね肉、鶏ささみでも。
・同量(g)の鮭、ぶり、たらなどの切り身魚でも。

下味冷凍2

甘辛じょうゆ漬け {冷凍2週間}

甘辛に漬けた鶏肉はアレンジの多彩さが魅力。
今回は竜田揚げのレシピを紹介します。

下味をつける（4人分）

鶏もも肉2枚（1枚300g×2）はペーパータオルに包んで水けをおさえる。半分に切り、身の厚いところに切れ目を入れ、七味唐辛子小さじ1/2〜1を全体になじませる。冷凍用保存袋に鶏肉、しょうゆ大さじ2、砂糖大さじ1、酒大さじ1、かつお節5gを入れて揉み込む。鶏肉が重ならないように並べ、空気を抜いて口を閉じ、バットにのせて完全に凍るまで冷凍する。

食材バリエ

・同量(g)の豚肉、牛肉などのロース肉（とんかつ用）、鶏むね肉、鶏ささみでも。
・同量(g)の鮭、ぶり、たらなどの切り身魚でも。

焼く　ぬるま湯で解凍（P11）

みそ焼き（2人分）

「みそ漬け」半量を解凍し、ペーパータオルをはがす。ペーパーについているみそは捨てずにとっておく。フライパンにサラダ油大さじ1/2を熱し、みそ漬けを皮目が下になるように入れ、弱めの中火で蓋をして3分ほど焼き、ひっくり返して蓋をし、5分焼く。

添え野菜Recipe

・フライパンに残った油でもやし1/2袋、石づきを切り落としてほぐしたしめじ1/2パック分を炒め、とっておいたみそを加えてさらに炒める。3cm幅に切った万能ねぎ2本分を加えてさっと炒め、塩、こしょう少々で味をととのえる。

その他の食べ方例

・衣をつけて竜田揚げに
・野菜と一緒に炒める

揚げる　ぬるま湯で解凍（P11）

鶏の竜田揚げ（2人分）

「甘辛しょうゆ漬け」半量を解凍し、ペーパータオルで水けをおさえ、3等分に切り、混ぜ合わせた片栗粉大さじ3、小麦粉大さじ2をまぶす。フライパンに1cm深さの揚げ油を入れて180℃に熱し、両面を揚げる。

添え野菜Recipe

・キャベツ4枚をせん切りにする。

その他の食べ方例

・魚焼きグリルで焼く
・フライパンで焼く

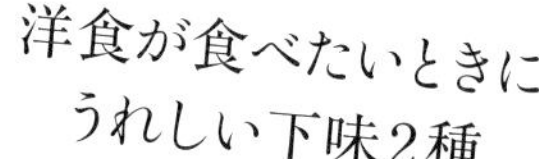

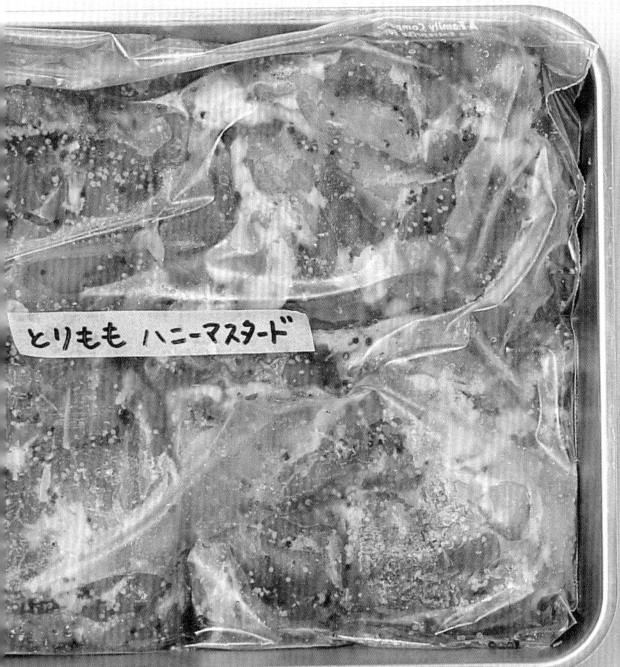

下味冷凍3

ハニーマスタード {冷凍2週間}

余りがちな粒マスタードにはちみつとしょうゆを絡めた、ごはんもよく合うジューシーな鶏もも肉の一品です。

下味をつける（4人分）

鶏もも肉2枚（1枚300g×2）はペーパータオルに包んで水けをおさえ、半分に切り、身の厚いところに切れ目を入れる。冷凍用保存袋に、鶏肉、粒マスタード大さじ2、はちみつ大さじ2、しょうゆ大さじ2を入れて揉み込む。鶏肉が重ならないように並べ、空気を抜いて口を閉じ、バットにのせて完全に凍るまで冷凍する。

食材バリエ

・同量(g)の豚ロース肉（とんかつ用）、鶏むね肉、鶏ささみでも。
・同量(g)の鮭などの切り身魚でも。

下味冷凍4

ガーリックバジル {冷凍2週間}

にんにくとハーブの風味がおいしい洋風おかずです。お好みの野菜と一緒にソテーして簡単でおしゃれな一品を。

下味をつける（4人分）

鶏もも肉2枚（1枚300g×2）はペーパータオルに包んで水けをおさえる。半分に切り、身の厚いところに切れ目を入れ、ドライバジル小さじ1、塩小さじ2/3を全体になじませる。冷凍用保存袋に入れ、半分に切ってつぶしたにんにく2かけ分、白ワイン大さじ2、オリーブオイル大さじ1を加えてなじませる。鶏肉が重ならないように並べ、空気を抜いて口を閉じ、バットにのせて完全に凍るまで冷凍する。

食材バリエ

・同量(g)の豚ロース肉（とんかつ用）、鶏むね肉、鶏ささみでも。
・同量(g)の鮭、たらなどの切り身魚でも。

焼く

ぬるま湯で解凍（P11）

ハニーマスタード焼き（2人分）

「ハニーマスタード」半量を解凍し、フライパンにオリーブオイル大さじ1/2を熱し、皮目が下になるように入れ、中火で3分ほど焼き色がつくまで焼く。ひっくり返して4～5分焼く。

添え野菜Recipe

・ベビーリーフ適量

その他の食べ方例

・串に刺して焼く
・洋野菜と一緒に炒める

焼く

ぬるま湯で解凍（P11）

ガーリックバジルソテー（2人分）

じゃがいも1個は皮をきれいに洗い、皮つきのまま7mm幅の輪切りにする。アスパラガス4本はかたい皮をむき、3等分に切る。「ガーリックバジル」半量を解凍し、フライパンにオリーブオイル大さじ1/2を熱し、皮目が下になるように入れ、空いているスペースにじゃがいもを入れ、中火で3分ほど焼き色がつくまで焼く。ひっくり返して4～5分焼き、鶏肉を取り出し、アスパラガスを加えて1～2分焼き、塩、こしょう各少々で味をととのえる。

その他の食べ方例

・衣をつけてから揚げに
・洋野菜と一緒に炒める

旨味たっぷりの鶏肉と野菜を使った半調理冷凍があれば、
パパッと簡単なのに、手の込んだようなおかずが完成します。
おもてなしからランチまで、さまざまなシーンで使えて便利！

半調理冷凍1

鶏ときのこのトマト煮｛冷凍2週間｝

トマトの旨味と、仕上げに加えたバターのコクが広がります。
簡単なのに手が込んでいるように見えるのも、うれしいところ。

材料（4人分）

- 鶏もも肉……2枚（1枚300g×2）
- 玉ねぎ（薄切り）……1/2個分
- しめじ（粗めにほぐす）……1パック分（200g）
- 塩、こしょう……各少々

A
- トマトホール缶……1缶（400g）
- にんにく（すりおろし）……大さじ1/2
- はちみつ……大さじ1/2
- 塩……小さじ1/2

作り方

鶏肉はペーパータオルに包んで水けをおさえる。4等分に切り、身の厚いところに切れ目を入れ、塩、こしょうをふる。冷凍用保存袋に鶏肉、混ぜ合わせた**A**を入れて揉み込み、鶏肉が4等分になるように並べて平らにし、調味料につからないように、玉ねぎ、しめじを上にのせる。袋の空気を抜いて口を閉じ、平らにしたら、バットにのせて完全に凍るまで冷凍する。

半調理冷凍2

ガパオ｛冷凍2週間｝

ナンプラーとバジルの風味があとを引く、エスニックおかずです。
ごはんと一緒に盛りつけて、ランチにするのもおすすめです。

材料（4人分）

- 鶏もも肉……2枚（1枚300g×2）
- パプリカ（赤・黄／1.5cm角に切る）……各1個分
- 玉ねぎ（1.5cm角に切る）……1個分
- ドライバジル……小さじ1

A
- ナンプラー……大さじ2
- スイートチリソース……大さじ2
- オイスターソース……大さじ1

作り方

鶏肉はペーパータオルに包んで水けをおさえ、1.5cm角に切り、冷凍用保存袋に入れる。ドライバジルを加えてしっかりなじませ、**A**を加えて揉み込み、4等分になるように平らに並べる。調味料につからないように、パプリカ、玉ねぎを上にのせる。袋の空気を抜いて口を閉じ、平らにしたら、バットにのせて完全に凍るまで冷凍する。

濃厚なトマト煮込みも
あっという間！

加熱する（2人分）　凍ったまま調理（P10）

フライパンにオリーブオイル大さじ2/3を入れ、凍ったままの「鶏ときのこのトマト煮」半量を肉が下になるように入れ、水50mlを回しかけ、蓋をして強火で加熱する。沸騰したら、蓋をしたまま強めの中火で7～8分、途中ほぐしながら加熱し、全体がほぐれたら、強火で水分を飛ばすように煮詰め、塩、こしょう各少々、バター適量で味をととのえる。

加熱する（2人分）　凍ったまま調理（P10）

フライパンにサラダ油2/3を入れ、凍ったままの「ガパオ」半量を肉が下になるように入れ、水50mlを回しかけ、蓋をして強火で加熱する。沸騰したら、蓋をしたまま強めの中火で7～8分、途中ほぐしながら加熱し、全体にほぐれたら強火で水分を飛ばすように炒める。

盛りつけpoint

器にごはん適量とガパオを順に盛り、お好みで目玉焼きやパクチーをのせて、ワンプレート風にしても。

下味冷凍
鶏むね肉

くせがなく、あっさりと食べられる鶏むね肉。
鶏もも肉より値段が手頃だから、たくさん買って、
下味冷凍しておけば、節約にもなるのがうれしい！

下味冷凍1

塩麹チキン {冷凍2週間}

淡白なむね肉も塩麹に漬けておくだけで、旨味アップ！
シンプルにグリルで焼き、薬味を合わせて召し上がれ。

下味をつける（4人分）

鶏むね肉2枚（1枚300g×2）はペーパータオルに包んで水けをおさえる。厚さが均等になるように2等分にそぎ切りする。1枚ずつペーパータオルに包み、その上から混ぜ合わせた塩麹大さじ4、煮切りみりん（加熱してアルコールを飛ばしたもの）大さじ3を1/4量ずつ両面に塗り、冷凍用保存袋に入れる。空気を抜いて口を閉じ、バットにのせて完全に凍るまで冷凍する。

食材バリエ

・同量(g)の豚肉、牛肉などのロース肉（とんかつ用）、鶏むね肉、鶏ささみでも。
・同量(g)の鮭、たらなどの切り身魚でも。

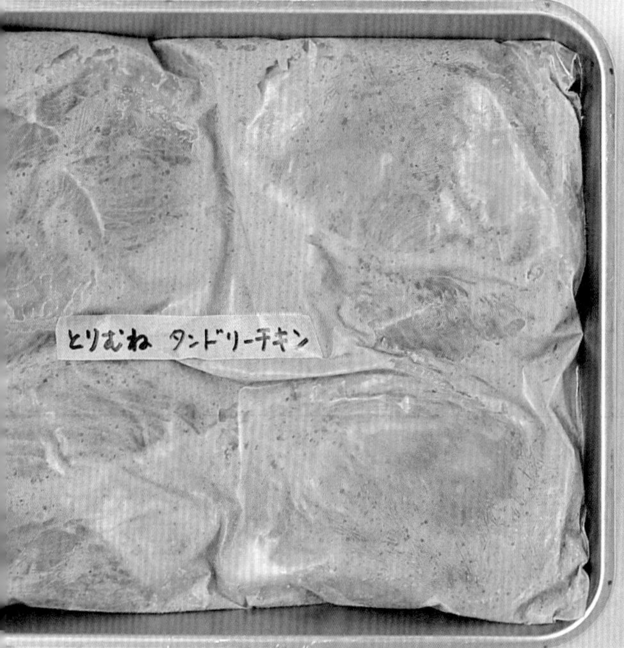

下味冷凍2

タンドリーチキン {冷凍2週間}

パサつきがちな鶏むね肉も、カレー粉などを混ぜたヨーグルトに漬け込み下味冷凍しておけば、しっとり仕上がります。

下味をつける（4人分）

鶏むね肉2枚（1枚300g×2）はペーパータオルに包んで水けをおさえる。厚さが均等になるように2等分にそぎ切りし、塩小さじ2/3を全体になじませる。冷凍用保存袋に鶏肉、カレー粉大さじ1、水切りヨーグルト（またはギリシャヨーグルト）大さじ4、中濃ソース大さじ2、トマトケチャップ大さじ2、にんにく（すりおろし）小さじ1、しょうが（すりおろし）小さじ1を入れて揉み込む。鶏肉が重ならないように並べ、空気を抜いて口を閉じ、バットにのせて完全に凍るまで冷凍する。

水切りヨーグルトの作り方

・ボウルにザル、半分に折ったペーパータオルの順に重ね、プレーンヨーグルト大さじ6をのせ、10分ほどおき、こそげとる。

食材バリエ

・同量(g)の豚肉などのロース肉（とんかつ用）でも。
・同量(g)の鮭、ぶり、たらなどの切り身魚でも。

焼く

ぬるま湯で解凍（P11）

塩麹焼き（2人分）

「塩麹チキン」半量を解凍し、ペーパータオルをはがす。魚焼きグリルを温め、塩麹チキンを皮目を上にして入れ、弱火で6～7分焼く。火を止めてそのままグリルの中に2分ほどおき、器に盛る。

添え野菜Recipe

・みょうが1本、青じそ2枚、しょうが1/2かけをせん切りにして、よく混ぜる。

その他の食べ方例

・衣をつけて竜田揚げに
・串に刺して焼き鳥に
・野菜と一緒に炒める

焼く

ぬるま湯で解凍（P11）

タンドリーチキン（2人分）

「タンドリーチキン」半量を解凍し、フライパンにオリーブオイル大さじ1/2を熱し、中火で2～3分焼き色がつくまで焼く。ひっくり返して蓋をして4～5分焼き、水分を飛ばすように焼きつける。

添え野菜Recipe

・セロリ1/4本、玉ねぎ1/4個、にんじん1/3本を細めのせん切りにし、水にさらして水けをきり、冷蔵庫で冷やす。

その他の食べ方例

・衣をつけてチキンカツに
・野菜と一緒に炒める

グリルだけでなく、
フライやカツにも！

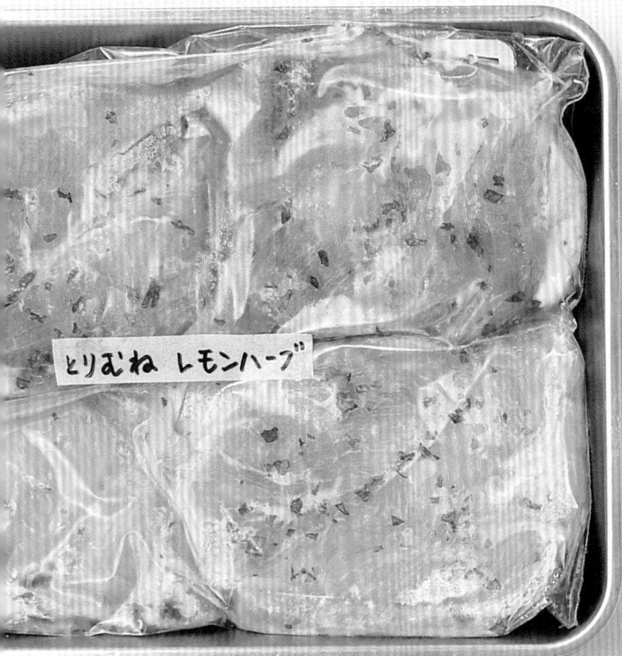

下味冷凍3

レモンハーブ {冷凍2週間}

レモンとハーブのさわやかな味つけは焼いても揚げても◎。今回はタルタルソースがよく合うカツのアレンジを紹介。

下味をつける（4人分）

鶏むね肉2枚（1枚300g×2）はペーパータオルに包んで水けをおさえる。厚さが均等になるように2等分にそぎ切りにし、塩小さじ2/3、ドライバジル小さじ1を全体になじませる。レモン1/2個は皮をすりおろし、果汁を搾り、オリーブオイル大さじ1と混ぜたら、冷凍用保存袋に鶏肉と一緒に加え、鶏肉が重ならないように並べ、空気を抜いて口を閉じ、バットにのせて完全に凍るまで冷凍する。

食材バリエ

・同量(g)の豚肉などのロース肉（とんかつ用）でも。
・同量(g)の鮭、ぶり、たらなどの切り身魚でも。

下味冷凍4

花椒みそ {冷凍2週間}

コクのあるみそにピリッとスパイシーな花椒がアクセント。ごはんのおかずはもちろんお酒のつまみにもおすすめです。

下味をつける（4人分）

鶏むね肉2枚（1枚300g×2）はペーパータオルに包んで水けをおさえる。厚さが均等になるように2等分にそぎ切りする。1枚ずつペーパータオルに包み、その上からよく混ぜ合わせたみそ大さじ4、花椒小さじ1/2～1、ラー油大さじ1、みりん大さじ3を1/4量ずつ両面に塗る。冷凍用保存袋に鶏肉が重ならないように入れ、空気を抜いて口を閉じ、バットにのせて完全に凍るまで冷凍する。

食材バリエ

・同量(g)の豚肉、牛肉などのロース肉（とんかつ用）でも。
・同量(g)の鮭、ぶり、たらなどの切り身魚でも。

揚げる

ぬるま湯で解凍（P11）

チキンハーブカツ
タルタル添え（2人分）

「レモンハーブ」半量を解凍し、ペーパータオルで水けをおさえ、4等分にそぎ切りにし、小麦粉、溶き卵、パン粉各適量をまぶす。フライパンに1cm深さの揚げ油を入れて180℃に熱し、両面を揚げ、器に盛る。

タルタルソースRecipe
・ゆで卵2個は細かくつぶし、ピクルス2〜3本はみじん切りにする。マヨネーズ大さじ4、砂糖小さじ1、塩、こしょう各適量と混ぜる。くし形切りにしたレモン適量を添える。

その他の食べ方例
・オリーブオイルでソテーする
・洋野菜と一緒に炒める

焼く

ぬるま湯で解凍（P11）

花椒みそ焼き（2人分）

「花椒みそ」半量を解凍し、ペーパータオルをはがす。ペーパータオルについているみそは捨てずにとっておく。魚焼きグリルを温め、花椒みそを皮目を上にして入れ、弱火で7〜8分焼く。火を止めてそのままグリルの中に2分ほどおき、器に盛る。

添え野菜Recipe
・フライパンにサラダ油大さじ1/2を熱し、ざく切りにしたキャベツ4枚分を炒め、しんなりしてきたら花椒みそでとっておいたみそを加えて炒め、塩少々で味をととのえる。

その他の食べ方例
・衣をつけてから揚げに
・野菜と一緒に炒める

半調理冷凍
鶏むね肉

パサつきがちな鶏むね肉ですが、半調理冷凍しておけば、しっとりとやわらかな口当たりに。淡白な味わいだから、しっかり味つけして食べてもおいしい！

半調理冷凍1

むね肉と野菜の甘酢あん｛冷凍2週間｝

甘酢あんが、さっぱりとした鶏むね肉によく絡んでおいしい！野菜がしっかり入っているから、野菜を食べたい日にも◎。

材料（4人分）

- 鶏むね肉……2枚（1枚300g×2）
- ピーマン（乱切り）……4個分
- 長ねぎ（2cm幅の斜め切り）……1本分
- にんじん（縦半分に切り、斜め薄切り）……1/2本分
- A
  - しょうゆ……大さじ2
  - 砂糖……大さじ1と1/2
  - 酢……大さじ1
  - しょうが（すりおろし）……小さじ1/2

作り方

鶏肉はペーパータオルに包んで水けをおさえ、縦半分に切り、一口大のそぎ切りにする。冷凍用保存袋に鶏肉、Aを入れて揉み込み、鶏肉が重ならないように平らに並べる。調味料につからないように、ピーマン、長ねぎ、にんじんを上にのせる。袋の空気を抜いて口を閉じ、平らにしたら、バットにのせて完全に凍るまで冷凍する。

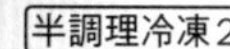

半調理冷凍2

むね肉のBBQチキン｛冷凍2週間｝

マーマレードジャムを加えたタレに漬け込んだ鶏むね肉は、しっとりやわらか。柑橘系のさわやかな酸味が広がって美味！

材料（4人分）

- 鶏むね肉……2枚（1枚300g×2）
- 玉ねぎ（2cm幅のくし形切り）……1個分
- ズッキーニ（1cm幅の輪切り）……1本分
- 塩……小さじ2/3
- こしょう……少々
- A
  - しょうゆ……大さじ1と1/2
  - マーマレード……大さじ3
  - はちみつ……大さじ1
  - にんにく（すりおろし）……小さじ1

作り方

鶏肉はペーパータオルに包んで水けをおさえ、縦半分に切り、大きめの一口大のそぎ切りにし、塩、こしょうで下味をつける。冷凍用保存袋に鶏肉、Aを入れてしっかりと揉み込み、鶏肉が重ならないように平らに並べる。調味料につからないよう、玉ねぎ、ズッキーニを上にのせる。袋の空気を抜いて口を閉じ、平らにしたら、バットにのせて完全に凍るまで冷凍する。

加熱する（2人分）　凍ったまま調理（P10）

フライパンにごま油大さじ2/3、凍ったままの「むね肉と野菜の甘酢あん」半量を肉が下になるように入れ、水30mlを回しかけ、蓋をして強火で加熱する。沸騰したら、蓋をしたまま強めの中火で7～8分、途中ほぐしながら加熱し、全体にほぐれたら、強火で煮詰め、塩、こしょう各少々で味をととのえる。片栗粉小さじ2/3と水大さじ1で作った水溶き片栗粉大さじ1を加え、とろみをつける。

加熱する（2人分）　凍ったまま調理（P10）

フライパンにオリーブオイル大さじ2/3、凍ったままの「むね肉のBBQチキン」半量を肉が下になるように入れ、水30mlを回しかけ、蓋をして強火で加熱する。沸騰したら、蓋をしたまま強めの中火で7～8分、途中ほぐしながら加熱し、全体にほぐれたら強火で水分を飛ばすように炒める。

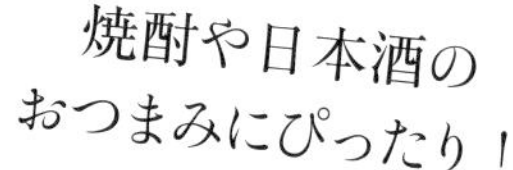

半調理冷凍3

焼き鳥 {冷凍2週間}

お店のような焼き鳥が、家でも手軽にフライパンで作れます。
タレがよく染みて、ついつい食べ過ぎてしまうおいしさです。

材料（4人分）

- 鶏むね肉……2枚（1枚300g×2）
- しし唐辛子（半分に切る）……6本分
- 長ねぎ（3cm幅に切る）……2本分
- A
  - しょうゆ……大さじ2と1/2
  - みりん……大さじ2
  - みそ……小さじ1
  - 砂糖……大さじ2

作り方

鶏肉はペーパータオルに包んで水けをおさえ、縦半分に切り、一口大のそぎ切りにする。ボウルに入れてAを加えてしっかりと揉み込む。竹串に鶏肉、しし唐辛子、鶏肉、長ねぎ、鶏肉の順で刺し、先端のとがった部分をキッチンばさみで切り取る。冷凍用保存袋に重ならないように入れ、残ったタレも加える。袋の空気を抜いて口を閉じ、平らにしたら、バットにのせて完全に凍るまで冷凍する。

半調理冷凍4

むね肉のきんぴら風 {冷凍2週間}

鶏肉が入っているから、メインのおかずになるきんぴらです。
噛むたびに、具材の食感の違いと、旨味が楽しめます。

材料（4人分）

- 鶏むね肉……2枚（1枚300g×2）
- れんこん（5mm幅の輪切り）……1節分
- にんじん（薄いそぎ切り）……1本分
- 赤唐辛子（種を取り除き、4等分に切る）……1本分
- A
  - しょうゆ……大さじ2
  - 砂糖……大さじ2

作り方

鶏肉はペーパータオルに包んで水けをおさえ、縦半分に切り、一口大に薄くそぎ切りにする。冷凍用保存袋に鶏肉とAを入れて揉み込み、鶏肉が重ならないように4等分に平らに広げる。れんこんは水にさらしてアクを抜き、水けをきる。調味料につからないように、赤唐辛子、にんじん、れんこんを鶏肉の上にのせる。袋の空気を抜いて口を閉じ、平らにしたら、バットにのせて完全に凍るまで冷凍する。

串に刺しておけば
あとは焼くだけ！

加熱する（2人分）　凍ったまま調理（P10）

フライパンにサラダ油大さじ2/3、凍ったままの「焼き鳥」6本を重ならないように入れ、水30mlを回しかけ、蓋をして強火で加熱する。沸騰したら、蓋をしたまま強めの中火で6～7分、途中ひっくり返しながら加熱し、全体に火が通ったら強火で水分を飛ばすように煮絡める。器に盛り、七味唐辛子適量をふる。

加熱する（2人分）　凍ったまま調理（P10）

フライパンにごま油大さじ2/3、凍ったままの「むね肉のきんぴら風」半量を肉が下になるように入れ、水50mlを回しかけ、蓋をして強火で加熱する。沸騰したら、蓋をしたまま強めの中火で7～8分、途中ほぐしながら加熱し、全体にほぐれて火が通ったら強火で水分を飛ばすように炒める。器に盛り、炒り白ごま適量をふる。

れんこんの
シャキシャキ食感が◎！

下味冷凍
鶏ささみ

高たんぱくで脂肪が少なく、淡白な味わいの鶏ささみ。
コンビニで人気のサラダチキンにするなど、使い方いろいろ。
和え物やスープの具にしてもおいしい！

下味冷凍1

サラダチキン {冷凍2週間}

コンビニでおなじみのサラダチキンも、手作りがおすすめ。
漬け汁ごと加熱することでしっとりとした仕上がりに。

下味をつける（4人分）

鶏ささみ8本（1本70~80g×8）はペーパータオルに包んで水けをおさえ、塩小さじ2/3をよくなじませ、冷凍用保存袋に入れる。よく混ぜ合わせた煮切った白ワイン（加熱してアルコールを飛ばしたもの）50ml、にんにく（すりおろし）小さじ1、オリーブオイル大さじ1を加え、ささみが重ならないように2枚ずつ並べ、空気を抜いて口を閉じ、バットにのせて完全に凍るまで冷凍する。

食材バリエ

・同量(g)の鶏むね肉でも。

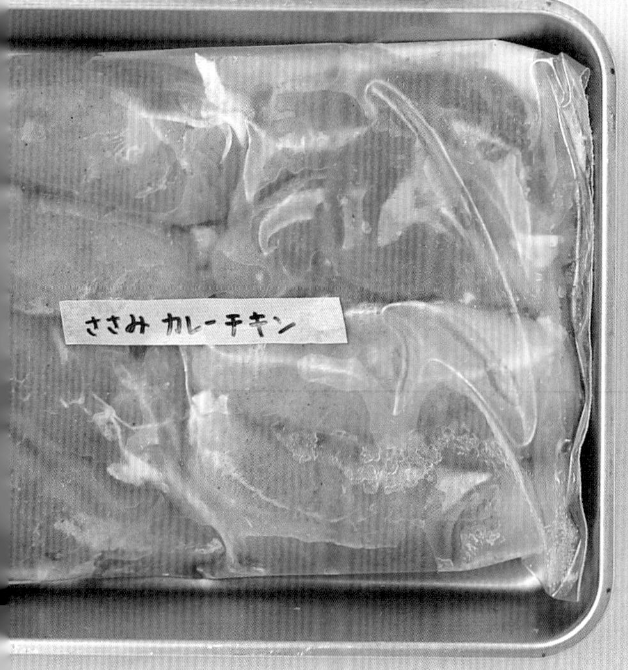

下味冷凍2

カレーチキン {冷凍2週間}

定番のサラダチキンの後は、カレー風味もお試しあれ。
サラダやサンドウィッチなど、アレンジの幅がぐっと広がります。

下味をつける（4人分）

鶏ささみ8本（1本70~80g×8）はペーパータオルに包んで水けをおさえ、塩小さじ2/3、カレー粉小さじ1と1/2を全体にまぶし、冷凍用保存袋に入れる。よく混ぜ合わせた煮切った白ワイン（加熱してアルコールを飛ばしたもの）50ml、はちみつ大さじ1を加え、ささみが重ならないように2枚ずつ並べ、空気を抜いて口を閉じ、バットにのせて完全に凍るまで冷凍する。

食材バリエ

・同量(g)の豚肉などのロース肉（とんかつ用）でも。
・同量(g)の鮭、ぶり、たらなどの切り身魚でも。

ゆでる　ぬるま湯で解凍（P11）

サラダチキンサラダ（2人分）

「サラダチキン」半量を解凍し、耐熱皿に漬け汁ごと入れ、ふんわりとラップをして電子レンジで2分加熱する。ひっくり返してさらに2分加熱し、そのまま2分ほどおき、大きめに裂いて器に盛る。

添え野菜Recipe

・ボウルにゆでたもやし1/2袋、せん切りにしたにんじん1/2本分、斜め切りにした万能ねぎ5本分、マヨネーズ大さじ3、ゆずこしょう小さじ1/3を入れ、よく混ぜる。

その他の食べ方例

・野菜と一緒に炒める
・衣をつけてフライに
・衣をつけてから揚げに

焼く　ぬるま湯で解凍（P11）

チキンピカタ（2人分）

「カレーチキン」半量を解凍し、3等分にそぎ切りし、小麦粉適量をしっかりとまぶし、溶き卵適量をくぐらせる。フライパンにオリーブオイル大さじ1を中火で熱し、両面焼く。器に盛り、粗びき黒こしょう少々をふり、お好みでトマトケチャップ適量を添える。

その他の食べ方例

・野菜と一緒に炒める
・衣をつけてフライに
・衣をつけてから揚げに

あっさり食べられる鶏ささみは、ごま和えにしたり、ナッツと炒めたりと、コクのある食材と組み合わせるのもおすすめです。食べ応えのあるおかずが完成！

半調理冷凍1

ささみのごま和え風 {冷凍2週間}

やさしい甘みの中に、しいたけの旨味とごまのコクが広がる一品。ささみが入っているから、しっかり満足感のあるおかずに。

材料（4人分）

- 鶏ささみ……8本（1本70～80g×8）
- にんじん（せん切り）……1本分
- しいたけ（7mm幅の薄切り）……6枚分

A
- すり白ごま……大さじ3
- かつお節……3g
- しょうゆ……大さじ2と1/2
- 砂糖……大さじ3
- 酒……大さじ1

作り方

ささみはペーパータオルに包んで水けをおさえ、3等分にそぎ切りし、7mm幅の細切りにする。冷凍用保存袋にささみ、**A**を入れて揉み込み、ささみが重ならないように4等分に平らに並べ、調味料につからないように、にんじん、しいたけを上にのせる。袋の空気を抜いて口を閉じ、平らにしたら、バットにのせて完全に凍るまで冷凍する。

ささみとパプリカのカシューナッツ炒め {冷凍2週間}

カシューナッツの食感がクセになる、中華風の炒め物。パプリカの彩りで、食卓がパッと明るくなるおかずです。

材料（4人分）

- 鶏ささみ……8本（1本70～80g×8）
- 長ねぎ（1cm幅に切る）……2本分
- パプリカ（赤／1cm角に切る）……1個分
- カシューナッツ……80g

A
- オイスターソース……大さじ2
- しょうゆ……大さじ1
- 酒……大さじ1
- 砂糖……大さじ1
- にんにく（すりおろし）……小さじ1

作り方

ささみはペーパータオルに包んで水けをおさえ、1cm角に切り、冷凍用保存袋に入れる。**A**を加えて揉み込み、平らにする。調味料につからないように、長ねぎ、パプリカ、カシューナッツを上にのせる。袋の空気を抜いて口を閉じ、平らにしたら、バットにのせて完全に凍るまで冷凍する。

すり白ごまと
かつお節の風味が絶品！

加熱する（2人分）　凍ったまま調理（P10）

フライパンにごま油大さじ2/3、凍ったままの「ささみのごま和え風」半量を肉が下になるように入れ、水30mlを回しかけ、蓋をして強火で加熱する。沸騰したら、蓋をしたまま強めの中火で7～8分、途中ほぐしながら加熱し、全体にほぐれて火が通ったら、強火で水分を飛ばすように炒める。

加熱する（2人分）　凍ったまま調理（P10）

フライパンにごま油大さじ2/3、凍ったままの「ささみとパプリカのカシューナッツ炒め」半量を肉が下になるように入れ、水50mlを回しかけ、蓋をして強火で加熱する。沸騰したら、蓋をしたまま強めの中火で7～8分、途中ほぐしながら加熱し、全体にほぐれて火が通ったら、強火で水分を飛ばすように炒める。

コクと旨味たっぷりの
中華炒めも簡単！

炒め物や煮込みなど、幅広い料理で使える切り落とし肉。
とにかく手軽に調理できるから、ストックしておいて損はない
下味冷凍です。から揚げなどのアレンジもおすすめ！

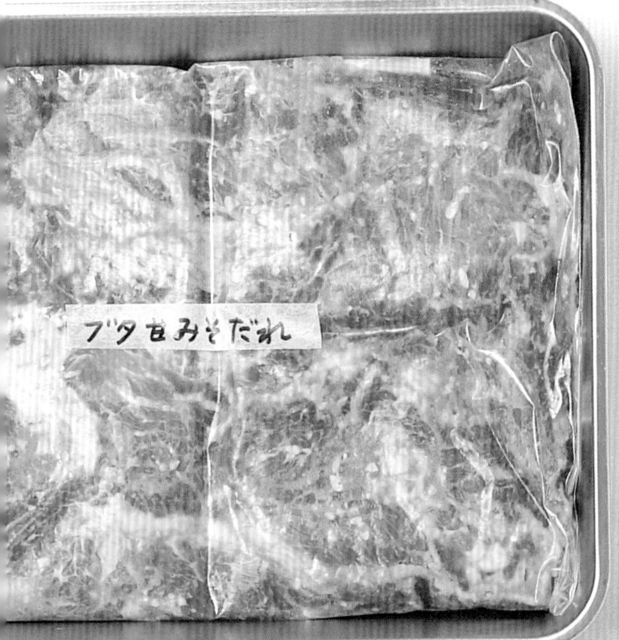

下味冷凍1

甘みそダレ｛冷凍2週間｝

濃厚な甘みそダレに漬け込んだ豚肉を、今回は根菜と炒めたレシピをご紹介。ボリューム満点で、ごはんが進みます。

下味をつける（4人分）

豚切り落とし肉400gは食べやすい大きさに切り、冷凍用保存袋に入れる。混ぜ合わせたみそ大さじ4、砂糖大さじ1、みりん大さじ2を加えて揉み込む。4等分に平らに並べ、空気を抜いて口を閉じ、バットにのせて完全に凍るまで冷凍する。

食材バリエ

・同量(g)の豚肉、牛肉などのロース肉（とんかつ用）、鶏むね肉、鶏もも肉でも。
・同量(g)の鮭、ぶりなどの切り身魚でも。

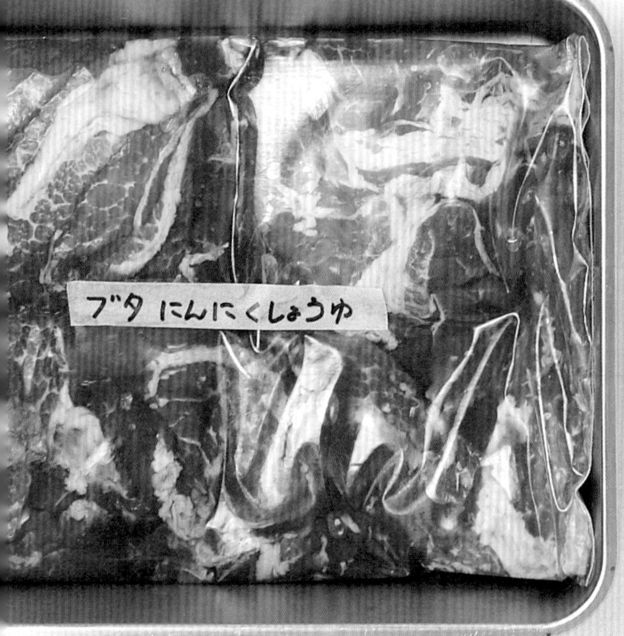

下味冷凍2

にんにくしょうゆ漬け｛冷凍2週間｝

にんにくを効かせたやみつきな味わいのしょうゆ漬けです。普段の食卓でも、お弁当でも、瞬く間に人気メニューに！

下味をつける（4人分）

豚切り落とし肉400gは食べやすい大きさに切り、冷凍用保存袋に入れる。混ぜ合わせたしょうゆ大さじ2、にんにく（すりおろし）小さじ1、みりん大さじ2を加えて揉み込む。4等分に平らに並べ、空気を抜いて口を閉じ、バットにのせて完全に凍るまで冷凍する。

食材バリエ

・同量(g)の豚肉、牛肉などのロース肉（とんかつ用）、鶏むね肉、鶏もも肉でも。
・同量(g)の鮭、ぶりなどの切り身魚でも。

炒める　　ぬるま湯で解凍（P11）

豚肉と根菜のみそ炒め（2人分）

ごぼう1/3本、れんこん1/2節は皮をたわしで洗い、ごぼうは斜め薄切りにし、れんこんは5mm幅の輪切りにする。それぞれ水にさらしてアクを抜き、水けをきる。「甘みそダレ」半量を解凍し、フライパンにごま油大さじ2/3を強めの中火で熱し、肉をほぐしながら炒める。ごぼう、れんこんを加えてしんなりするまで3〜4分炒めたら、水分を飛ばすように炒め、少量のしょうゆで味をととのえる。

その他の食べ方例

- 野菜と一緒に炒める
- 長ねぎと一緒に炒めて丼に
- 焼うどんの具に

ごはんが進む
甘みそ炒め

揚げる　　ぬるま湯で解凍（P11）

豚から揚げ（2人分）

「にんにくしょうゆ漬け」半量を解凍し、ペーパータオルで水けをおさえ、混ぜ合わせた小麦粉大さじ2、片栗粉大さじ3をまぶす。フライパンに1cm深さの揚げ油を入れて180℃に熱し、両面1分30秒ずつくらい、カリッとするまで揚げる。器に盛り、くし形に切ったレモン適量を添える。

その他の食べ方例

- 野菜と一緒に炒める
- 玉ねぎと一緒に炒めて丼に
- 焼うどんの具に

にんにくしょうゆの
しっかり味！

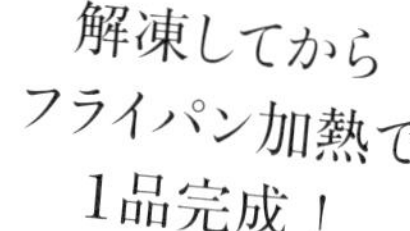

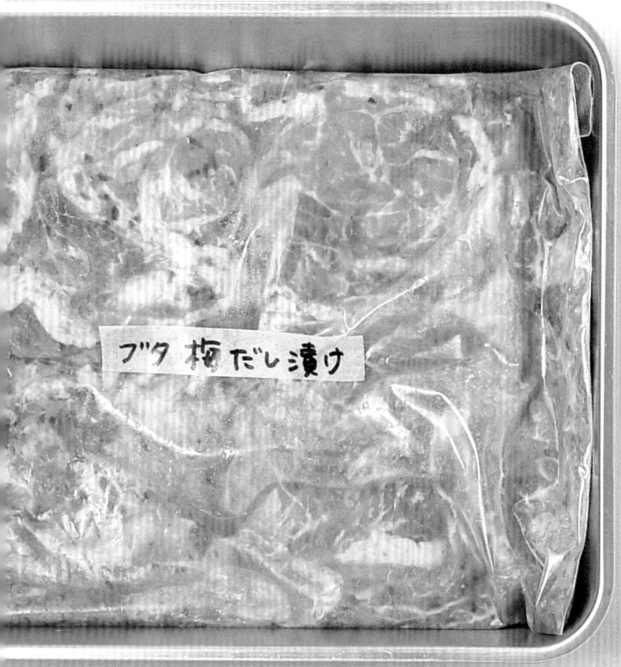

下味冷凍3

梅だし漬け｛冷凍2週間｝

梅干しの酸味で程よくさっぱりと食べられる一品。
シンプルに炒めたら三つ葉をたっぷりのせて召し上がれ。

下味をつける（4人分）

豚切り落とし肉400gは食べやすい大きさに切り、冷凍用保存袋に入れる。よく混ぜ合わせたかつお節5g、梅干し（種を取り除き叩く）4粒（35g）、薄口しょうゆ大さじ2、酒大さじ2、みりん大さじ2を加えて揉み込む。4等分に平らに並べ、空気を抜いて口を閉じ、バットにのせて完全に凍るまで冷凍する。

食材バリエ

・同量(g)の豚肉、ロース肉（とんかつ用）、鶏むね肉、鶏ささみでも。
・同量(g)のたらなどの切り身魚でも。

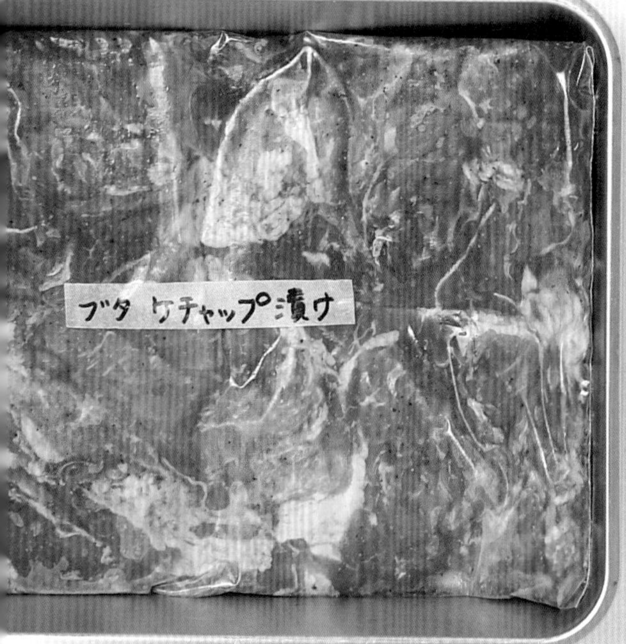

下味冷凍4

ケチャップ漬け｛冷凍2週間｝

ケチャップと中濃ソースを合わせた濃厚ダレに漬けた豚肉は子供から大人まで、ごはんが進むおかずになります。

下味をつける（4人分）

豚切り落とし肉400gは食べやすい大きさに切り、冷凍用保存袋に入れる。混ぜ合わせたトマトケチャップ大さじ5、中濃ソース大さじ2、顆粒コンソメ小さじ1、こしょう小さじ1/3を加えて揉み込む。4等分に平らに並べ、空気を抜いて口を閉じ、バットにのせて完全に凍るまで冷凍する。

食材バリエ

・同量(g)の豚肉、牛肉などのロース肉（とんかつ用）、鶏もも肉でも。

梅の酸味が
じんわり染みる！

炒める　　ぬるま湯で解凍（P11）

豚の梅焼き（2人分）

「梅だし漬け」半量を解凍し、フライパンにサラダ油大さじ2/3を強めの中火で熱し、肉をほぐしながら2～3分炒め、水分を飛ばすように炒める。

添え野菜 Recipe

・ざく切りにした三つ葉をたっぷりとのせる。

その他の食べ方例

・かぶや大根と一緒に煮る
・そうめんのトッピングに
・サラダのトッピングに

炒める　　ぬるま湯で解凍（P11）

豚のケチャップ炒め（2人分）

「ケチャップ漬け」半量を解凍し、フライパンにバター20gを強めの中火で熱し、肉をほぐしながら2～3分炒め、水分を飛ばすように強火で炒める。器に盛り、粗びき黒こしょう少々をかける。

添え野菜 Recipe

・ベビーリーフ適量を添える。

その他の食べ方例

・野菜と一緒に炒める
・ナポリタンの具に
・ホットドックの具に

半調理冷凍
豚切り落とし肉

豚肉のおかずの定番、しょうが焼きをはじめ、酢豚や韓国料理など、
バリエーション豊富な豚切り落とし肉の半調理冷凍です。
どのおかずもガッツリ食べられるから、ごはんにのせて丼にしても◎。

半調理冷凍1

しょうが焼き {冷凍2週間}

豚肉不動の人気メニューしょうが焼き！一緒に冷凍した玉ねぎにもしっかり味がなじみます。せん切りキャベツとともに召し上がれ。

材料（4人分）

・豚切り落とし肉……400g
・玉ねぎ（薄切り）……1個分
A ・しょうゆ……大さじ2と1/2
・みりん……大さじ2
・はちみつ……大さじ2
・しょうが（すりおろし）……大さじ2/3

作り方

豚肉は食べやすい大きさに切り、Aを揉み込み、冷凍用保存袋に入れる。4等分に平らにし、調味料につからないように、玉ねぎを上にのせる。袋の空気を抜いて口を閉じ、平らにしたら、バットにのせて完全に凍るまで冷凍する。

半調理冷凍2

酢豚 {冷凍2週間}

甘酢あんが絡んでおいしい、揚げない酢豚です。
野菜もたっぷり食べられるから、これ一品で大満足のおかずに。

材料（4人分）

・豚切り落とし肉……400g
・にんじん（薄めの乱切り）……1本分
・玉ねぎ（一口大の乱切り）……1個分
・ピーマン（一口大の乱切り）……4個分
A ・トマトケチャップ……大さじ4
・しょうゆ……大さじ1
・酢……大さじ1
・砂糖……大さじ1
・鶏がらスープの素（粉末）……小さじ2

作り方

豚肉は食べやすい大きさに切り、よく混ぜ合わせたAを揉み込み、冷凍用保存袋に入れる。4等分に平らにし、調味料につからないように、にんじん、玉ねぎ、ピーマンを上にのせる。袋の空気を抜いて口を閉じ、平らにしたら、バットにのせて完全に凍るまで冷凍する。

加熱する（2人分）

凍ったまま調理（P10）

フライパンにサラダ油大さじ2/3、凍ったままの「しょうが焼き」半量を肉が下になるように入れ、水30mlを回しかけ、蓋をして強火で加熱する。沸騰したら、蓋をしたまま強めの中火で7～8分、途中ほぐしながら加熱し、全体にほぐれたら、強火で水分を飛ばすように炒め、塩、こしょう各少々で味をととのえる。

盛りつけPoint

・せん切りにしたキャベツ5枚分と根元を切り落とした貝割れ菜1/4パック分を混ぜて器に敷き、しょうが焼きをのせる。

加熱する（2人分）

凍ったまま調理（P10）

フライパンにごま油大さじ2/3、凍ったままの「酢豚」半量を肉が下になるように入れ、水30mlを回しかけ、蓋をして強火で加熱する。沸騰したら、蓋をしたまま強めの中火で7～8分、途中ほぐしながら加熱し、全体にほぐれたら、強火で水分を飛ばすように炒め、片栗粉小さじ2/3と水大さじ1で作った水溶き片栗粉大さじ1を加え、とろみをつける。

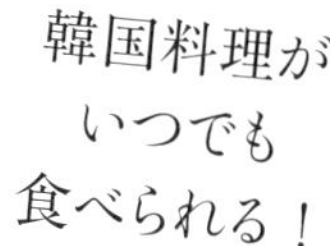

半調理冷凍3

ビビンバ｛冷凍2週間｝

韓国の定番料理ビビンバも半調理冷凍なら簡単に！
ワンプレートで完結するビビンバは、パパッとランチにもおすすめ。

材料（4人分）

・豚切り落とし肉……400g
・にんじん（細切り）……1本分
・しめじ（ほぐす）……1パック分（200g）
・長ねぎ（斜め薄切り）……1本分
・小松菜（1cm幅に切る）……1袋分

A
・しょうゆ……大さじ3
・コチュジャン……大さじ4
・酒……大さじ2
・にんにく（すりおろし）……大さじ1/2

作り方

豚肉は食べやすい大きさに切り、よく混ぜ合わせたAを揉み込み、冷凍用保存袋に入れる。4等分に平らにし、調味料につからないように、にんじん、しめじ、長ねぎ、小松菜を上にのせる。袋の空気を抜いて口を閉じ、平らにしたら、バットにのせて完全に凍るまで冷凍する。

半調理冷凍4

豚キムチ｛冷凍2週間｝

食欲旺盛の子供にも大人気の豚キムチ。みそと一緒に漬け込んで、少しコクのある味わいに仕上げます。丼にして食べてもおいしい！

材料（4人分）

・豚切り落とし肉……400g
・長ねぎ（1cm幅の斜め切り）……2本分

A
・キムチ……400g
・みそ……大さじ2
・みりん……大さじ3

作り方

豚肉は食べやすい大きさに切り、Aを加えて揉み込み、冷凍用保存袋に入れる。4等分に平らにし、調味料につからないように、長ねぎを上にのせる。袋の空気を抜いて口を閉じ、平らにしたら、バットにのせて完全に凍るまで冷凍する。

ごはんにのせて
簡単丼！

加熱する（2人分）

凍ったまま調理（P10）

フライパンにごま油大さじ2/3を入れ、凍ったままの「ビビンバ」半量を肉が下になるように入れ、水30mlを回しかけ、蓋をして強火で加熱する。沸騰したら、蓋をしたまま強めの中火で7~8分、途中ほぐしながら加熱し、全体にほぐれたら強火で煮詰め、塩、こしょう各少々で味をととのえる。

盛りつけPoint

器にごはん適量、ビビンバを順に盛り、お好みでコチュジャン適量、目玉焼きを1個ずつ添える。

加熱する（2人分）

凍ったまま調理（P10）

フライパンにごま油大さじ2/3を入れ、凍ったままの「豚キムチ」半量を肉が下になるように入れ、水30mlを回しかけ、蓋をして強火で加熱する。沸騰したら、蓋をしたまま強めの中火で7~8分途中ほぐしながら加熱し、全体にほぐれたら強火で煮詰める。

下味冷凍
豚薄切り肉（しょうが焼き用）

しょうが焼き用の薄切り肉は、甘辛い味があとを引くコチュジャン漬けと、子どもも大好きなはちみつじょうゆで下味冷凍。
余ったタレで炒める野菜もおいしいので、おすすめです。

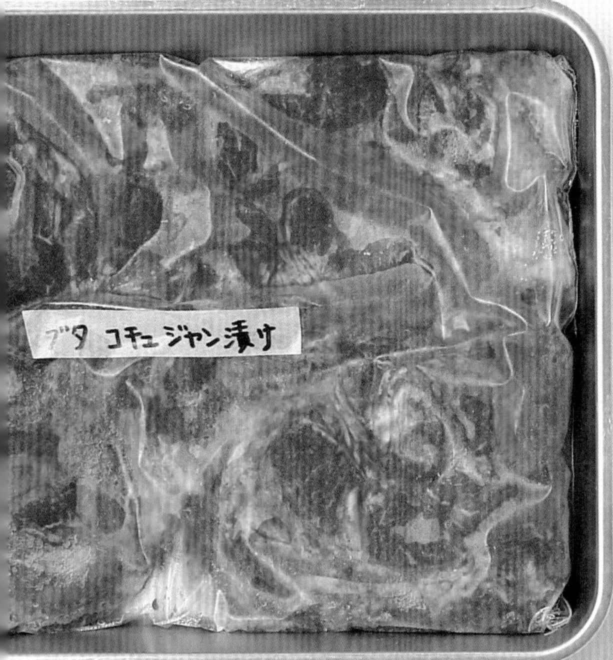

下味冷凍1

コチュジャン漬け｛冷凍2週間｝

甘辛い韓国の調味料コチュジャンを使い、残ったタレで炒めた野菜にもしっかり味が絡む、有能な下味冷凍です。

下味をつける（4人分）

ボウルによく混ぜ合わせたコチュジャン大さじ4、しょうゆ大さじ1、酒大さじ2と豚薄切り肉（しょうが焼き用）400gを入れてよく和える。2～3枚ずつきれいに重ねて4等分にし、冷凍用保存袋に重ならないように並べて入れる。残ったタレも加え、空気を抜いて口を閉じ、バットにのせて完全に凍るまで冷凍する。

食材バリエ

・同量（g）の豚切り落とし肉やロース肉（とんかつ用）、鶏むね肉、鶏もも肉でも。

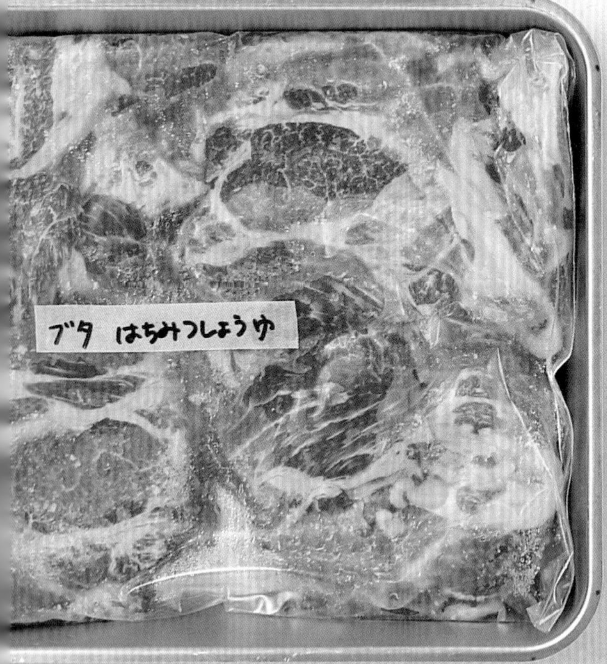

下味冷凍2

はちみつしょうゆ｛冷凍2週間｝

はちみつを使うことで、まろやかで深みのある甘さに。肉を焼き、生野菜を添えるだけでも満足な一品になります。

下味をつける（4人分）

ボウルによく混ぜ合わせたしょうゆ大さじ2、はちみつ大さじ3、みりん大さじ1と豚薄切り肉（しょうが焼き用）400gを入れてよく和える。2～3枚ずつきれいに重ねて4等分にし、冷凍用保存袋に重ならないように並べて入れる。残ったタレも加え、空気を抜いて口を閉じ、バットにのせて完全に凍るまで冷凍する。

食材バリエ

・同量（g）の豚切り落とし肉、牛肉などのロース肉（とんかつ用）、鶏むね肉、鶏もも肉、鶏ささみでも。
・同量（g）のぶりなどの切り身魚でも。

余ったタレで野菜も炒めて！

炒める　ぬるま湯で解凍（P11）

豚のコチュジャン炒め（2人分）

「コチュジャン漬け」半量を解凍し、フライパンにサラダ油大さじ2/3を強めの中火で熱し、肉が重なったまま入れて焼き、片面に焼き色がついたら肉をはがす。ひっくり返して同様に焼き、全体を強めの中火で焼きつける。器に盛り、お好みで一味唐辛子適量をふる。

添え野菜Recipe

・フライパンに残った油を強めの中火で熱し、もやし1/2袋、3cm長さに切ったにら1/4束分を加え、残りのタレも加えて絡めるように炒める。

その他の食べ方例

・玉ねぎと一緒に炒めて丼に
・ラーメンのトッピングに

炒める　ぬるま湯で解凍（P11）

豚肉といんげんの炒め物（2人分）

「はちみつしょうゆ」半量を解凍し、フライパンにサラダ油大さじ2/3を強めの中火で熱し、肉が重なったまま入れて焼き、片面に焼き色がついたら肉をはがす。ひっくり返して同様に焼き、全体を強めの中火で焼きつけ、斜めに薄切りした長ねぎ1/2本分、さやいんげん5～6本分を加え、タレを絡めるように炒める。

その他の食べ方例

・野菜と一緒に炒める
・焼いて豚丼に

甘辛い味でごはんが進む！

半調理冷凍
豚薄切り肉
（しょうが焼き用）

薄切り肉で作る下味冷凍は、洋食屋さんで人気のポークチャップと中華の定番、回鍋肉。どちらもごはんによくあう味つけで、食欲をそそるおかずです。

半調理冷凍1

ポークチャップ｛冷凍2週間｝

ケチャップとソースを合わせたタレが甘みのある玉ねぎとマッチ。子供から大人まで人気のおかずです。

材料（4人分）

- 豚薄切り肉（しょうが焼き用）……400g
- 玉ねぎ（薄切り）……1/2個分
- しめじ（粗めにほぐす）……1パック分（200g）
- 塩……小さじ2/3
- こしょう……少々
- A
  - トマトケチャップ……大さじ5
  - 粒マスタード……大さじ2
  - 中濃ソース……大さじ3

作り方

豚肉は塩、こしょうで下味をつける。バットによく混ぜ合わせた**A**と豚肉を入れてよく和え、2〜3枚ずつきれいに重ねて4等分にする。冷凍用保存袋に入れ、バットに残ったタレも加え、重ならないように平らに並べる。調味料につからないように、玉ねぎ、しめじを上にのせる。袋の空気を抜いて口を閉じ、平らにしたら、バットにのせて完全に凍るまで冷凍する。

半調理冷凍2

回鍋肉｛冷凍2週間｝

甜麺醤を使った甘みのある味つけがおいしい回鍋肉。にんにくの風味が食欲をそそり、ついついお箸が進みます。

材料（4人分）

- 豚薄切り肉（しょうが焼き用）……400g
- キャベツ（ざく切り）……1/4個分
- 長ねぎ（1cm幅の斜め切り）……2本分
- A
  - 甜麺醤……大さじ2
  - みそ……大さじ1
  - しょうゆ……大さじ1
  - 酒……大さじ1
  - 砂糖……大さじ1
  - にんにく（すりおろし）……小さじ1

作り方

豚肉は半分の長さに切る。バットによく混ぜ合わせた**A**と豚肉を入れてよく和え、4等分にする。冷凍用保存袋に入れ、バットに残ったタレも加え、重ならないように平らに並べる。調味料につからないように、キャベツ、長ねぎを上にのせる。袋の空気を抜いて口を閉じ、平らにしたら、バットにのせて完全に凍るまで冷凍する。

ジューシーな洋風味
子どもも大好き！

加熱する（2人分）　凍ったまま調理（P10）

フライパンにバター20gを熱し、凍ったままの「ポークチャップ」半量を肉が下になるように入れ、水30mlを回しかけ、蓋をして強火で加熱する。沸騰したら、蓋をしたまま強めの中火で7~8分、途中ほぐしながら加熱し、全体にほぐれたら、強火で水分を飛ばすように炒める。器に盛り、お好みでパセリ（みじん切り）適量をかける。

加熱する（2人分）　凍ったまま調理（P10）

フライパンにごま油大さじ2/3、凍ったままの「回鍋肉」半量を肉が下になるように入れ、水30mlを回しかけ、蓋をして強火で加熱する。沸騰したら、蓋をしたまま強めの中火で7~8分、途中ほぐしながら加熱し、全体にほぐれたら、強火で水分を飛ばすように炒める。

ごはんとスープで
中華献立完成！

厚みのあるとんかつ用の豚ロース肉も、下味冷凍しておけば、よく味が染み込んで、噛むたびに旨味が広がります。シンプルに焼くだけでも様になるのがうれしい、下味冷凍です。

下味冷凍1

にんにくみそ ｛冷凍2週間｝

ガツンとパンチのあるにんにくみそを塗ったロース肉は、食欲旺盛な子供にも十分な満足感を与えてくれる一品。

下味をつける（4人分）

豚ロース肉（とんかつ用）4枚（1枚120～130g×4）は1枚ずつペーパータオルに包み、よく混ぜ合わせたみそ大さじ4、にんにく（すりおろし）大さじ1、はちみつ大さじ4、酒大さじ3を1/4量ずつ塗る。冷凍用保存袋に豚肉が重ならないように入れ、空気を抜いて口を閉じ、バットにのせて完全に凍るまで冷凍する。

食材バリエ

・同量(g)の牛肉、鶏むね肉、鶏もも肉、鶏ささみでも。
・同量(g)のぶりなどの切り身魚でも。

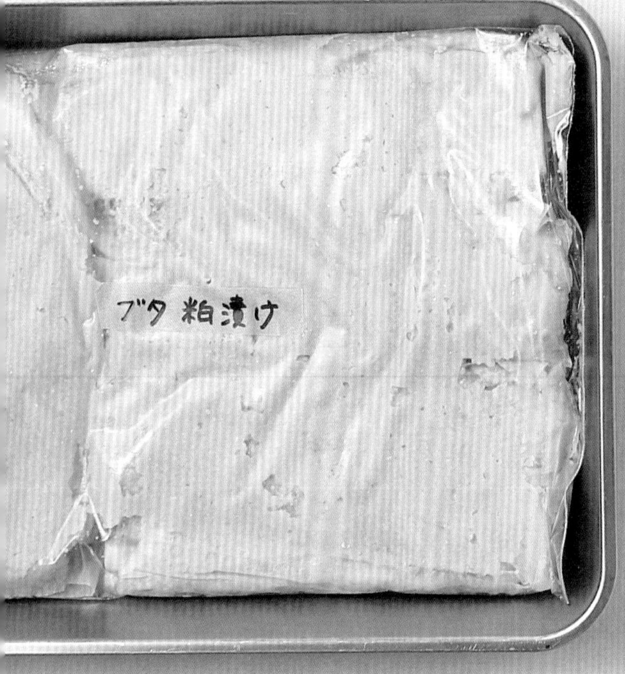

下味冷凍2

粕漬け ｛冷凍2週間｝

粕漬けにしたとんかつ用の肉はやわらかく、旨味が凝縮。薬味を添えることで、おつまみにもおすすめの一品に。

下味をつける（4人分）

豚ロース肉（とんかつ用）4枚（1枚120～130g×4）は1枚ずつペーパータオルに包み、よく混ぜ合わせた酒粕（板）150g、みりん大さじ2、はちみつ大さじ2、塩大さじ2/3、しょうが（すりおろし）大さじ1を1/4量ずつ塗る。ラップでぴったり包み、冷凍用保存袋に豚肉が重ならないように入れ、空気を抜いて口を閉じ、バットにのせて完全に凍るまで冷凍する。

食材バリエ

・同量(g)の鶏むね肉、鶏もも肉、鶏ささみでも。
・同量(g)の鮭、たらなどの切り身魚でも。

カリッと揚げて
ソースで激ウマ！

揚げる

ぬるま湯で解凍（P11）

パーコーライス（2人分）

「にんにくみそ」半量を解凍し、ペーパータオルをはがしたら、小麦粉大さじ2、片栗粉大さじ3をしっかりまぶす。ペーパータオルについているみそは耐熱ボウルに入れ、水大さじ1、カレー粉小さじ1、しょうゆ大さじ1/2を入れて混ぜ、ラップをせずに電子レンジで1分加熱して沸騰させ、ソースを作る。フライパンに1cm深さの揚げ油を入れて180℃に熱し、豚肉を両面揚げ色がつくまで揚げて油をきり、1.5cm幅に切る。

盛りつけpoint

器にごはん適量を盛り、豚肉、縦6等分に切って塩ゆでしたちんげん菜1株分をのせ、ソースをかける。

その他の食べ方例

- 野菜と一緒に炒める
- 焼いてラーメンのチャーシュー代わりに

酒粕の風味で
しっとり！

焼く

ぬるま湯で解凍（P11）

豚の粕焼き（2人分）

「粕漬け」半量を解凍し、ペーパータオルをはがす。魚焼きグリルに入れ、弱火で6分ほど焼き、火を止めてそのままグリルの中に2分ほどおく。

添え野菜Recipe

- 粗くおろした大根1/2カップは水けをきる。青じそ2枚、みょうが1/2本はせん切りにし、大根おろしと混ぜる。

その他の食べ方例

- 衣をつけてとんかつに
- 細切りにして野菜炒めに
- 焼いて小さく切り、薬味と一緒に混ぜごはんに

半調理冷凍

豚ロース肉
（とんかつ用）

かたくなりがちなとんかつ用肉も、半調理冷凍でやわらかい仕上がりに。
彩り野菜と一緒に仕込んだローストポークと、
コクうまのタレがおいしい中華みそステーキを紹介します。

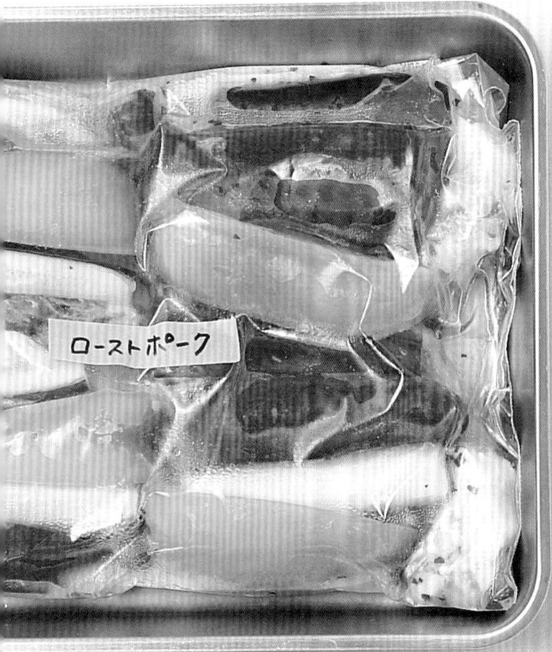

半調理冷凍1

ローストポーク {冷凍2週間}

にんにくとバジルの風味のが広がって食べ応えのある洋風メニュー。
赤と黄のパプリカで彩りよく、野菜もしっかり食べられます。

材料（4人分）

- 豚ロース肉（とんかつ用）……4枚（1枚120〜130g×4）
- ズッキーニ（横半分に切り、縦4等分に切る）……1本分
- パプリカ（赤・黄／縦4等分に切る）……各1/2個分
- にんにく（つぶす）……2かけ分
- 塩……小さじ2/3
- ドライバジル……小さじ1/2
- オリーブオイル……大さじ2

作り方

豚肉に塩、ドライバジルをしっかりとなじませ、冷凍用保存袋に重ならないように入れる。オリーブオイルを加え、調味料につからないように、ズッキーニ、パプリカ、にんにくを4等分に上にのせる。袋の空気を抜いて口を閉じ、平らにしたら、バットにのせて完全に凍るまで冷凍する。

半調理冷凍2

中華みそステーキ {冷凍2週間}

炒めた長ねぎの甘みが、甜麺醤とごまを加えたタレにマッチした、ごはんが進むおかずです。お好みのきのこでアレンジしても。

材料（4人分）

- 豚ロース肉（とんかつ用）……4枚（1枚120〜130g×4）
- まいたけ（粗めにほぐす）……1パック分
- 長ねぎ（3cm幅に切る）……1本分

A
- 甜麺醤……大さじ3
- しょうゆ……大さじ1
- みりん……大さじ2
- 炒り白ごま……大さじ1
- にんにく（すりおろし）……大さじ1/2

作り方

豚肉は4等分にそぎ切りにし、冷凍用保存袋に入れる。**A**を加えてしっかりと揉み込み、豚肉が重ならないように4等分に平らに並べる。調味料につからないように、まいたけ、長ねぎを上にのせる。袋の空気を抜いて口を閉じ、平らにしたら、バットにのせて完全に凍るまで冷凍する。

野菜と豚肉を一緒に焼くだけ!!

加熱する（2人分）　凍ったまま調理（P10）

フライパンにオリーブオイル大さじ2/3、凍ったままの「ローストポーク」半量を肉が下になるように入れ、水50mlを回しかけ、蓋をして強火で加熱する。沸騰したら、蓋をしたまま強めの中火で7~8分、途中ひっくり返しながら加熱し、全体にほぐれたら、強火で水分を飛ばすように野菜と一緒に焼きつける。

加熱する（2人分）　凍ったまま調理（P10）

フライパンにサラダ油大さじ2/3を入れ、凍ったままの「中華みそステーキ」半量を肉が下になるように入れ、水50mlを回しかけ、蓋をして強火で加熱する。沸騰したら、蓋をしたまま強めの中火で6~7分、途中ひっくり返しながら加熱し、全体に火が通ったら強火で水分を飛ばすように焼きつける。

まいたけと長ねぎの旨味もたっぷり！

下味冷凍
ひき肉

ひき肉の下味冷凍は、そのまま炒めてそぼろにしたり、野菜炒めやチャーハンにしたりと、全く違った料理に展開できるのがうれしい！
和風、中華、エスニックで使えるひき肉の下味冷凍を紹介します。

下味冷凍1 鶏ひき肉

だししょうゆ {冷凍2週間}

鶏ひき肉を和風のおかずに合うよう味つけした下味冷凍。主張しすぎない鶏ひき肉は、野菜料理によく合います。

下味をつける（4人分）

冷凍用保存袋に鶏ひき肉400g、よく混ぜ合わせたかつお節5g、薄口しょうゆ大さじ3、みりん大さじ2、酒大さじ2を入れ、全体をよく混ぜる。平らにし、空気を抜いて口を閉じ、箸で4等分に押し分けて、バットにのせて完全に凍るまで冷凍する。

食材バリエ

・同量(g)のひき肉全般。

下味冷凍2 豚ひき肉

ねぎみそ {冷凍2週間}

豚ひき肉の旨味と、みそのコクがマッチしたしっかり味なので、和風おかずや中華で使いやすいです。

下味をつける（4人分）

冷凍用保存袋に豚ひき肉400g、よく混ぜ合わせた長ねぎ（みじん切り）1本分、みそ大さじ3、砂糖大さじ1、酒大さじ2を入れ、全体をよく混ぜる。平らにし、空気を抜いて口を閉じ、箸で4等分に押し分けて、バットにのせて完全に凍るまで冷凍する。

食材バリエ

・同量(g)のひき肉全般。

炒める

ぬるま湯で解凍（P11）

ひき肉とかぶの炒め物（2人分）

かぶ1個は茎を2cm残して切り分け、実は4等分にし、茎は4cm幅、葉は1cm幅に切る。「だししょうゆ」半量を解凍し、フライパンで強めの中火で炒め、色が変わったら、かぶの実と水100mlを入れて蓋をし、中火でかぶがやわらかくなるまで7〜8分煮る。茎と葉を加え、さらに1分ほど煮て、器に盛る。

その他の食べ方例

・ワンタンの肉だねに
・丸めてつくねに
・炒めてそぼろに

炒める

ぬるま湯で解凍（P11）

和風チャーハン（2人分）

「ねぎみそ」半量を解凍し、フライパンで強めの中火で炒め、色が変わったら、ごはん350gを加えて焼きつけるように炒める。卵1個とマヨネーズ大さじ1で作った炒り卵を加え、塩、こしょう各少々で味をととのえる。器に盛り、炒り白ごま適量をかける。

その他の食べ方例

・キャベツと一緒にぎょうざの肉だねに
・ハンバーグの肉だねに

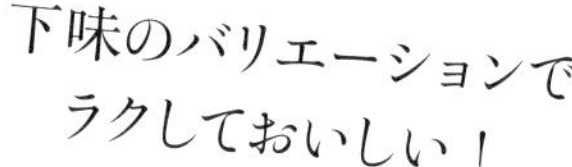

下味冷凍3 豚ひき肉

ガーリックソース {冷凍2週間}

ナンプラーが効いた豚ひき肉の下味冷凍とお好みの野菜を炒め合わせたら、あっという間にエスニック料理の完成！

下味をつける（4人分）

冷凍用保存袋に豚ひき肉400g、よく混ぜ合わせたにんにく（すりおろし）大さじ1、ナンプラー大さじ4、酒大さじ1を入れ、全体をよく混ぜる。平らにし、空気を抜いて口を閉じ、箸で4等分に押し分けて、バットにのせて完全に凍るまで冷凍する。

食材バリエ

・同量（g）のひき肉全般。

下味冷凍4 合いびき肉

オイスターソース {冷凍2週間}

牛と豚の合びき肉にオイスターソースで下味冷凍しておけば、旨味たっぷりの中華料理が手軽に作れます。

下味をつける（4人分）

冷凍用保存袋に合いびき肉400g、混ぜ合わせたオイスターソース大さじ3、しょうゆ大さじ1、しょうが（すりおろし）大さじ1/2を入れ、全体をよく混ぜる。平らにし、空気を抜いて口を閉じ、箸で4等分に押し分けて、バットにのせて完全に凍るまで冷凍する。

食材バリエ

・同量（g）のひき肉全般。

炒める

ぬるま湯で解凍（P11）

エスニック炒め（2人分）

スナップエンドウ10本はヘタと筋を取り除き、玉ねぎ1/2個は1cm幅のくし形切りにする。「ガーリックソース」半量を解凍し、フライパンに入れて強めの中火で熱し、大きめにほぐす。肉の色が変わったら玉ねぎ、スナップエンドウを加え、しんなりするまで炒め、塩、こしょう各少々で味をととのえる。

その他の食べ方例

・塩焼きそばの具に
・チャーハンの具に

炒める

ぬるま湯で解凍（P11）

ひき肉となすの中華炒め（2人分）

なす2本は皮を縦に3カ所むき、細長い乱切りにする。「オイスターソース」半量を解凍し、フライパンに入れて強めの中火で熱し、肉の色が変わり、脂が出るまで炒める。なす、水30mlを加え、なすがしんなりするまで2~3分炒め、塩、こしょう各少々で味をととのえる。片栗粉小さじ2/3と水大さじ1で作った水溶き片栗粉大さじ1を加え、とろみをつける。

その他の食べ方例

・ピーマンと炒めてチンジャオロース風に
・焼きそばの具に

半調理冷凍 ひき肉

炒め物、カレー、煮物、ハンバーグなど、バリエーション豊かなひき肉の半調理冷凍。ひき肉といっても、鶏、豚、合びきによって、味わいもいろいろ！お好みのひき肉を選んで作ってもOKです。

半調理冷凍1 豚ひき肉

麻婆厚揚げ {冷凍2週間}

おなじみの麻婆豆腐を、厚揚げでアレンジ。冷凍すると変わる豆腐の食感も、厚揚げなら気にならずおいしく食べられます。

材料（4人分）

- 豚ひき肉……300g
- 厚揚げ（1.5cmのさいの目切り）……2枚分
- A
  - 長ねぎ（みじん切り）……1本分
  - 甜麺醤……大さじ2
  - みそ……大さじ2
  - 豆板醤……大さじ1/2〜1
  - オイスターソース……大さじ2

作り方

ひき肉、**A**をよく混ぜ、冷凍用保存袋に入れる。平らにし、箸で4等分に押し分け、調味料につからないように、厚揚げを上にのせる。袋の空気を抜いて口を閉じ、平らにしたら、バットにのせて完全に凍るまで冷凍する。

半調理冷凍2 鶏ひき肉

具だくさんそぼろ {冷凍2週間}

大豆とみじん切りにした野菜をたっぷり使ったそぼろは、ごはんにのせて丼にしても◎。野菜が苦手な子供もパクパク食べられそう！

材料（4人分）

- 鶏ひき肉……300g
- ゆで大豆……100g
- にんじん（みじん切り）……1本分
- さやいんげん（みじん切り）……8本分
- 玉ねぎ（みじん切り）……1/2個分
- しめじ（みじん切り）……1パック分（200g）
- A
  - しょうが（すりおろし）……大さじ1
  - かつお節……5g
  - しょうゆ……大さじ4
  - 砂糖……大さじ2

作り方

冷凍用保存袋にひき肉、よく混ぜ合わせた**A**を入れ、全体をよく混ぜる。大豆、野菜を加えてよく混ぜ、平らにする。袋の空気を抜いて口を閉じ、平らにしたら、バットにのせて完全に凍るまで冷凍する。

厚揚げの食感も
そのままでおいしい！

加熱する（2人分）

凍ったまま調理（P10）

フライパンにごま油大さじ2/3、凍ったままの「麻婆厚揚げ」半量を肉が下になるように入れ、水50mlを回しかけ、蓋をして強火で加熱する。沸騰したら、蓋をしたまま強めの中火で7~8分、途中ほぐしながら加熱し、全体にほぐれたら強火で煮詰め、片栗粉小さじ2/3と水大さじ1で作った水溶き片栗粉大さじ1を加え、とろみをつける。

加熱する（2人分）

凍ったまま調理（P10）

フライパンにサラダ油大さじ2/3を入れ、凍ったままの「具だくさんそぼろ」半量を入れ、水50mlを回しかけ、蓋をして強火で加熱する。沸騰したら、蓋をしたまま強めの中火で7~8分、途中ほぐしながら加熱し、全体にほぐれたら、強火で水分を飛ばすように炒め、塩少々で味をととのえる。

盛りつけPoint

・器にごはん適量を盛り、具だくさんそぼろをかける。

大豆と野菜たっぷり！
ヘルシーそぼろ

カレーも煮物も
思い立ったら
すぐできる！

半調理冷凍3 合いびき肉

ひよこ豆のキーマカレー {冷凍2週間}

野菜をみじん切りにして、他の材料を全て入れて冷凍するだけ。食べるときに水と一緒に加熱すれば、手の込んだような一品に。

材料（4人分）

- 合いびき肉……300g
- セロリ（みじん切り）……1本分
- にんじん（みじん切り）……1本分
- マッシュルーム（みじん切り）……4個分
- ひよこ豆（水煮）……200g
- カレー粉……大さじ3
- トマトケチャップ……大さじ3
- 中濃ソース……大さじ2
- 顆粒コンソメ……小さじ1
- 塩……小さじ2/3
- 小麦粉……大さじ1と1/2

作り方

全ての材料をよく混ぜる。冷凍用保存袋に入れて平らにし、箸で4等分に押し分ける。袋の空気を抜いて口を閉じ、平らにしたら、バットにのせて完全に凍るまで冷凍する。

半調理冷凍4 鶏ひき肉

かぼちゃのそぼろ煮 {冷凍2週間}

甘いかぼちゃの煮物が苦手な人にもよろこばれる、そぼろ煮です。かつお節と一緒に冷凍しておけば、だし汁いらずで作れます。

材料（4人分）

- 鶏ひき肉……300g
- かぼちゃ（一口大に切る）……1/2個分
- A
  - しょうが（すりおろし）……小さじ1
  - かつお節……5g
  - 薄口しょうゆ……大さじ3
  - みりん……大さじ3

作り方

ひき肉、**A**をよく混ぜる。冷凍用保存袋に入れて平らにし、箸で4等分に押し分け、かぼちゃをのせる。袋の空気を抜いて口を閉じ、平らにしたら、バットにのせて完全に凍るまで冷凍する。

ホクホク豆の
スパイシーカレー！

加熱する（2人分） 凍ったまま調理（P10）

フライパンにサラダ油大さじ2/3、凍ったままの「ひよこ豆のキーマカレー」半量を入れ、水100mlを回しかけ、蓋をして加熱する。沸騰したら、蓋をしたまま強めの中火で7～8分、途中ほぐしながら加熱し、全体にほぐれたら、強火で水分を飛ばすように炒め、塩、こしょう各少々で味をととのえる。

盛りつけPoint

・器にごはん適量、ひよこ豆のキーマカレーを盛り、パセリ（みじん切り）適量をかける。

加熱する（2人分） 凍ったまま調理（P10）

フライパンにごま油大さじ1/2、凍ったままの「かぼちゃのそぼろ煮」半量を入れ、水60mlを回しかけ、蓋をして加熱する。沸騰したら、蓋をしたまま強めの中火で7～8分、途中ほぐしながら加熱し、全体にほぐれたら強火で煮詰め、少量のしょうゆで味をととのえる。

ごはんに合う
かぼちゃの煮物

肉だねは成形して
冷凍がベスト！

半調理冷凍5 合いびき肉

ハンバーグ {冷凍2週間}

肉だねをこねて、成形して…と、手順の多いハンバーグ。
焼く前までを作っておけば、食べるときは焼くだけでOK！

材料（4人分）

- 合いびき肉……400g
- 玉ねぎ（みじん切り）……1/2個分
- パン粉……2/3カップ
- 卵……1個
- トマトケチャップ……大さじ4
- 顆粒コンソメ……小さじ1と1/2

作り方

ボウルに全ての材料を入れてよくこね、4等分にし、平たい楕円形にする。冷凍用保存袋に重ならないように入れる。袋の空気を抜いて口を閉じ、平らにしたら、バットにのせて完全に凍るまで冷凍する。

半調理冷凍6 鶏ひき肉

つくね {冷凍2週間}

根菜を混ぜ込み、甘辛いタレを絡めた食べ応えのあるつくねは、
ごはんにのせて丼にしたり、おつまみとして楽しんだりしても。

材料（4人分）

- 鶏ひき肉……400g
- にんじん（短めのせん切り）……1/3本分
- ごぼう（短めのせん切り）……1/3本分
- 万能ねぎ（5mm幅の小口切り）……6本分
- 炒り白ごま……大さじ1
- 麩……15g
- 酒……大さじ2
- しょうゆ……大さじ1
- 塩……小さじ1/3

作り方

にんじん、ごぼうは水にさらしてアクを抜き、水けをおさえる。ボウルに全ての具材を入れてよくこね、8等分にし、平らな丸形にする。冷凍用保存袋に重ならないように入れる。袋の空気を抜いて口を閉じ、平らにしたら、バットにのせて完全に凍るまで冷凍する。

加熱する（2人分）　　ぬるま湯で解凍（P11）

「ハンバーグ」2個を解凍し、形を整えたら、フライパンにサラダ油大さじ1/2を強めの中火で熱し、ハンバーグを入れて片面を1分ほど焼き色がつくまで焼く。ひっくり返したら輪切りにしたれんこん4枚を加え、蓋をして弱めの中火で10分ほど焼く。蓋を外し、かたい皮をむいて3等分に切ったアスパラガス2本分を加え、強めの中火で水分を飛ばすように焼き、器に盛る。フライパンに残った汁に、トマトケチャップ大さじ4、ポン酢しょうゆ大さじ3、バター5gを加え、強火にかけて一煮立ちさせ、ハンバーグにかける。

ふっくらジューシー！
ソースも絶品

ふわふわの食感の
つくねも手軽に

加熱する（2人分）　　ぬるま湯で解凍（P11）

「つくね」4個を解凍し、形を整えたら、フライパンにごま油大さじ1/2を強めの中火で熱し、つくねを入れて片面1分ほど焼き色がつくまで焼く。ひっくり返したら3cm幅に切った長ねぎ1本分を加え、蓋をして弱めの中火で5~6分焼き、蓋を外してしょうゆ大さじ1/2、みりん大さじ1を加え、強めの中火で絡めるように焼く。

column

冷凍作りおきで簡単弁当のすすめ

冷凍作りおきを利用して毎日のお弁当を簡単に！フライパンで一緒に加熱したり、電子レンジも併用するなど、時短調理も可能です。

つくね弁当

半調理冷凍のつくねときのこミックスは一緒に焼き、イタリアン野菜ミックスは卵焼きの具に使えばあっという間にお弁当の完成！

つくね弁当の作り方（1人分）

1 つくね2個ときのこミックス適量はP61と同様にフライパンで焼き、しょうゆ、砂糖、みりん各小さじ1を加え、煮絡める。

2 卵焼きを作る。卵焼き用のフライパンにオリーブオイル小さじ1を熱し、イタリアン野菜ミックスひとつかみを炒め、塩、こしょう各少々で味をととのえる。

3 卵1個とマヨネーズ大さじ2/3を混ぜ、**2**を加えてよく混ぜる。卵焼き用フライパンにオリーブオイル小さじ1を熱し、卵液を流し入れ、ゆるいスクランブルエッグにして巻く。

つくねときのこミックスはひとつのフライパンで調理！

なすのミートパスタ弁当

ミートパスタを凍ったままフライパンで加熱している間に、レンジを使って簡単ポテトサラダを完成！超スピーディーなお弁当です。

なすのミートパスタ弁当の作り方（1人分）

1 フライパンに凍ったままのなすのミートパスタ1/4量、水200mlを入れ、P111と同様に作る。

2 ポテトサラダを作る。耐熱ボウルに1cm幅に切ったウインナー1本分、凍ったままの温野菜ミックスひとつかみを入れ、ふんわりとラップをして電子レンジで1分～1分30秒加熱する。

3 別のボウルにマッシュポテト（乾燥）大さじ2、熱湯大さじ2を入れてよく混ぜ、マヨネーズ大さじ1/2、**2**を加えて混ぜ、塩、こしょう各少々で味をととのえる。

4 ゆでブロッコリーを作る。冷凍ブロッコリー（P88）適量は耐熱ボウルに入れ、ふんわりとラップをして電子レンジで40秒～1分加熱し、水けをきってお弁当箱に詰める。

凍ったまま
フライパンで
火にかけるだけ！

column

失敗しない!

冷凍野菜 1

生のまま冷凍野菜

野菜は冷凍に不向きと思われがちですが、おすすめの冷凍法を紹介します。解凍法もおさえましょう。

冷凍小松菜

アクが少ないので
生のまま
冷凍してOK!

冷凍法
小松菜2把は洗って茎は4cm幅、葉は1cm幅に切って水けをきり、冷凍用保存袋に入れ、平らにして冷凍する。

解凍法
汁物や炒め物には、凍ったまま加える。冷蔵庫で自然解凍して、水けを絞ったら和え物やナムルに。

冷凍もやし

食感も変わらず、
おいしく
食べられる!

冷凍法
もやし2袋は、きれいに洗ってザルに上げ、水けをきる。冷凍用保存袋に入れ、平らにして冷凍する。

解凍法
凍ったまま炒める、ゆでる調理がおすすめ。さっと煮やスープ、汁物にも使える。

冷凍玉ねぎ

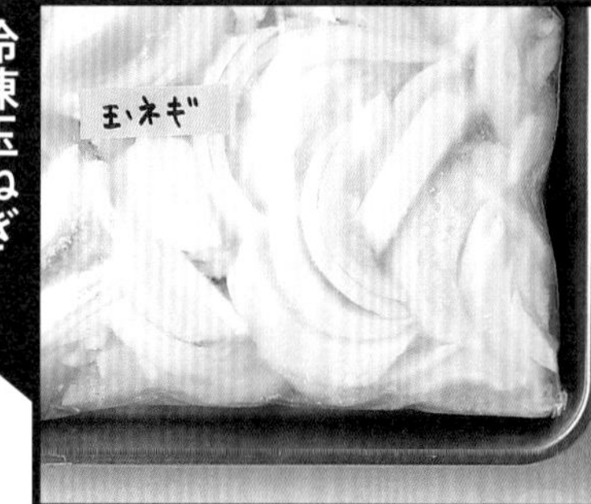

甘みアップ&
時短調理に
とっても便利!

冷凍法
玉ねぎ2個は、7mm幅のくし形切りにする。冷凍用保存袋に入れ、平らにして冷凍する。

解凍法
凍ったまま調理する。炒めて飴色になるのも早い。ミートソースやカレーに。みそ汁やスープの具にも最適。

冷凍トマト

凍らせることで
旨味がアップ!
使い方もいろいろ

冷凍法
トマト3個は十字に切り目を入れ、熱湯にくぐらせ、冷水にとって皮をむき、一口大に切る。冷凍用保存袋に入れ、平らにして冷凍する。

解凍法
凍ったまま調理する。すりおろしてドレッシングやソースに、スープや煮込み料理に加えても。

考えなくていい魚介の冷凍作りおき

魚介の作りおきは、おいしくなさそう…。
そんなイメージを変えてくれるのが、冷凍作りおき。
下味をつけて冷凍すれば、臭みをおさえてくれるうえ、
しっかり味が染み込んだ、おいしいおかずが作れます。

Before

マカロニをゆでている
鍋に加えて一緒に加熱！
冷凍野菜ミックス 温野菜ミックス→P96

温やさい

これは、
フライパンで焼くだけ！
半調理冷凍 さばと野菜の和風トマト煮
→P78

「考えなくていい」魚がメインの献立

さばと野菜の和風トマト煮の献立

かつお節を使って和風に仕上げたトマト煮は
洋風、和風どちらのおかずとも相性バッチリ。
ここでは、スープやパンと合わせた
洋風の献立でご紹介します。

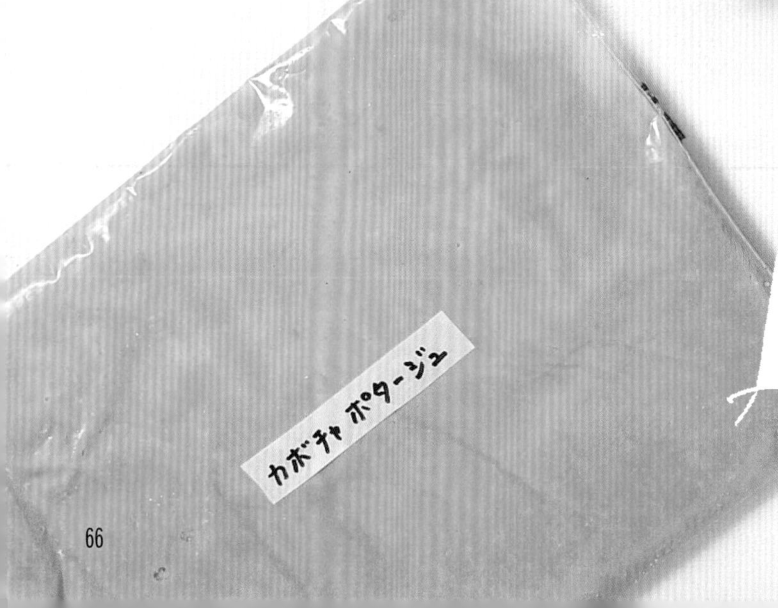

サバ トマト煮

凍ったままの
ポタージュに牛乳を
加えて加熱するだけ！
冷凍スープ かぼちゃのポタージュ
→P108

カボチャ ポタージュ

→After
ゆで卵とハムを
混ぜて味つけして！
温野菜のマカロニサラダ→P96
濃厚なトマトの
コクとかつお節の
風味がマッチ
さばと野菜の和風トマト煮→P79
やさしい甘みが
おいしい手作り
ポタージュが完成！
かぼちゃのポタージュ→P109

下味冷凍

生鮭
（切り身）

子供から大人まで人気の鮭は、ゆずの風味がおいしい塩麹漬けと、
旨味を堪能できる西京漬けで、和風の下味冷凍に。
食べるときは魚焼きグリルで焼くだけだから、忙しい朝にもおすすめ！

下味冷凍1

ゆず塩麹 {冷凍2週間}

塩麹とゆずで旨味と香りがふわりと広がり、
定番の焼き鮭からワンランクアップした上品な味わいに。

下味をつける（4人分）

生鮭（切り身）4切れ（1切れ120～130g×4）は1切れずつペーパータオルに包み、その上からよく混ぜ合わせた塩麹大さじ4、煮切りみりん大さじ3、乾燥ゆず（市販）大さじ1を1/4量ずつ両面に塗る。冷凍用保存袋に重ならないように入れ、空気を抜いて口を閉じ、バットにのせて完全に凍るまで冷凍する。

食材バリエ

・同量（g）の豚のロース肉（とんかつ用）、鶏むね肉、鶏もも肉、鶏ささみでも。
・同量（g）のたらなどの切り身魚でも。

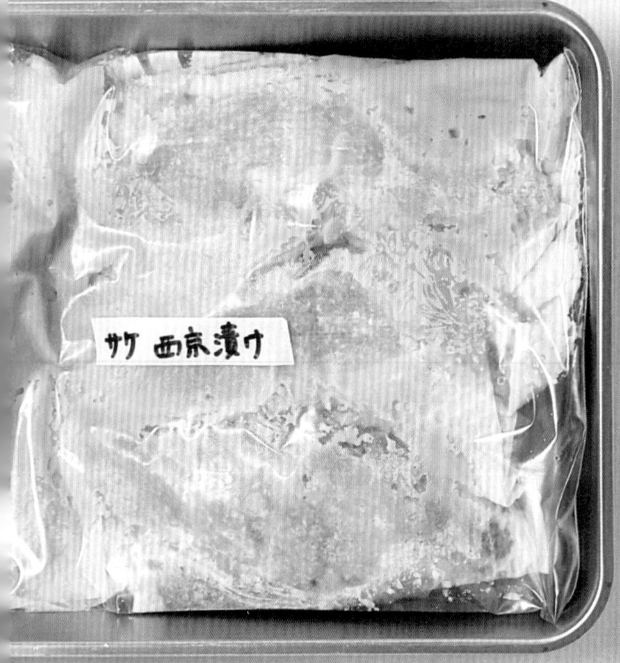

下味冷凍2

西京漬け {冷凍2週間}

西京みそがあれば、しっかりと味の染みたおいしい西京漬けが
家でも簡単に作れます。朝夕のごはんのお供にぜひ。

下味をつける（4人分）

生鮭（切り身）4切れ（1切れ120～130g×4）は1切れずつペーパータオルに包み、その上からよく混ぜ合わせた西京みそ大さじ6、煮切った酒（加熱してアルコールを飛ばしたもの）大さじ3を1/4量ずつ両面に塗る。冷凍用保存袋に重ならないように入れ、空気を抜いて口を閉じ、バットにのせて完全に凍るまで冷凍する。

食材バリエ

・同量（g）の豚、牛のロース肉（とんかつ用）、鶏むね肉、鶏もも肉、鶏ささみでも。
・同量（g）のたらなどの切り身魚でも。

焼く

ぬるま湯で解凍(P11)

ゆず塩麹焼き(2人分)

「ゆず塩麹」半量を解凍し、ペーパータオルをはがす。魚焼きグリルにゆず塩麹を盛りつける面を上にして入れ、弱火で5~6分焼き、器に盛る。

添え野菜Recipe

・大根おろし適量に、ポン酢しょうゆ適量をかける。

その他の食べ方例

・焼いてほぐし、混ぜごはんに
・焼いてほぐし、野菜と和える
・衣をつけて和風フライに

ゆず塩麹で ふんわりやわらか

焼く

ぬるま湯で解凍(P11)

西京焼き(2人分)

「西京漬け」半量を解凍し、ペーパータオルをはがす。ペーパーについているみそは、1cm幅の半月切りにした長いも4枚に塗る。魚焼きグリルに西京漬けを盛りつける面を上にして入れ、間に長いもも入れて弱火で6~7分焼き、器に盛る。

その他の食べ方例

・焼いてほぐし、混ぜごはんに
・焼いてほぐし、野菜と和える
・衣をつけて和風フライに

甘みそ味が 上品な味わい!

半調理冷凍
生鮭
(切り身)

生クリームソースとレモンの風味でおしゃれな一品と、
みそ味でごはんが進む、ちゃんちゃん焼きの半調理冷凍です。
特売日にたくさん買って、仕込んでおくと節約もできて◎。

半調理冷凍1

クリーム マスタードレモン {冷凍2週間}

生クリームのマイルドさの中に、粒マスタードとレモンの風味でさっぱりと食べられる一品。急なおもてなしにも便利です。

材料(4人分)

・生鮭(切り身)……4切れ(1切れ120~130g×4)
・玉ねぎ(薄切り)……1/2個分

A
・粒マスタード……大さじ4
・レモンの皮(すりおろし)……1/2個分
・レモン汁……大さじ1
・生クリーム……100ml
・塩……小さじ2/3

作り方

鮭はペーパータオルに包んで水けをおさえ、冷凍用保存袋に鮭、混ぜ合わせた**A**を入れ、全体にタレをなじませ、重ならないように並べる。調味料につからないように、玉ねぎを上にのせる。袋の空気を抜いて口を閉じ、平らにしたら、バットにのせて完全に凍るまで冷凍する

半調理冷凍2

鮭のちゃんちゃん焼き {冷凍2週間}

くたっとしたキャベツと長ねぎにみそとバターが絡んで、食欲をそそるおかずです。お好みのきのこを追加してもおいしいです。

材料(4人分)

・生鮭(切り身)……4切れ(1切れ120~130g×4)
・キャベツ(ざく切り)……8枚分
・長ねぎ(斜め切り)……1本分

A
・みそ……大さじ3
・酒……大さじ2
・しょうが(すりおろし)……小さじ1

・バター(角切り)……10g×4個

作り方

鮭はペーパータオルに包んで水けをおさえ、よく混ぜ合わせた**A**を両面に塗り、冷凍用保存袋に重ならないように入れる。バターを鮭の上に1個ずつのせ、キャベツ、長ねぎものせる。袋の空気を抜いて口を閉じ、平らにしたら、バットにのせて完全に凍るまで冷凍する。

濃厚な生クリーム
ソースがおいしい！

加熱する（2人分）　凍ったまま調理（P10）

フライパンにオリーブオイル大さじ1/2、凍ったままの「クリームマスタードレモン」半量を鮭が下になるように入れ、水50mlを回しかけ、蓋をして強火で加熱する。沸騰したら、蓋をしたまま強めの中火で7~8分、ひっくり返しながら加熱し、全体に火が通ったら水分を飛ばすように煮詰め、塩少々で味をととのえる。

添え野菜Recipe

・ベビーリーフ適量を添える。

加熱する（2人分）　凍ったまま調理（P10）

フライパンにサラダ油大さじ1/2、凍ったままの「鮭のちゃんちゃん焼き」半量を鮭が下になるように入れ、水50mlを回しかけ、蓋をして強火で加熱する。沸騰したら、蓋をしたまま強めの中火で7~8分、ひっくり返しながら加熱し、全体に火が通ったら水分を飛ばすように煮詰める。器に盛り、七味唐辛子適量をふる。

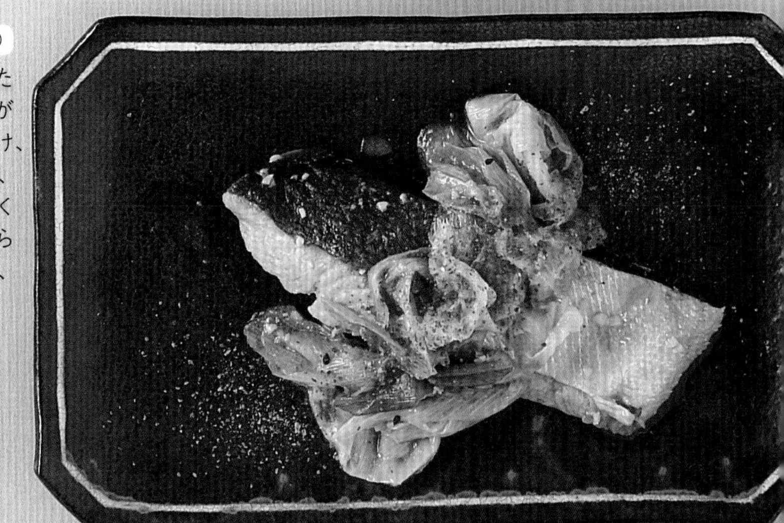

野菜もたっぷり
食べられる！

下味冷凍
生たら
（切り身）

淡白で身がやわらかいたらは、旨味を引き出すみりん粕漬けと、
風味が引き立つゆずこしょう漬けの下味冷凍に。
ごはんのおかずはもちろん、日本酒のお供にしても。

下味冷凍1

みりん粕漬け｛冷凍2週間｝

やわらかな甘みにレモンの風味がさわやかなみりん粕漬け。
玉ねぎとポン酢を混ぜてかけた大根おろしがよく合います。

下味をつける（4人分）

生たら（切り身）4切れ（1切れ120〜130g×4）は1切れずつペーパータオルで包み、その上からよく混ぜ合わせた酒粕（板）150g、みりん大さじ2、はちみつ大さじ2、塩大さじ2/3、レモンの皮（すりおろし）1/2個分を1/4量ずつ両面に塗る。冷凍用保存袋に重ならないように入れ、空気を抜いて口を閉じ、バットにのせて完全に凍るまで冷凍する。

食材バリエ

・同量（g）の豚肉、鶏むね肉、鶏もも肉、鶏ささみでも。
・同量（g）の鮭などの切り身魚でも。

下味冷凍2

ゆずこしょう漬け｛冷凍2週間｝

ピリッと効いたゆずこしょうがたまらない和風レシピ。
ごはんはもちろん、日本酒のお供にもしてほしい一品です。

下味をつける（4人分）

生たら（切り身）4切れ（1切れ120〜130g×4）はペーパータオルに包んで水けをおさえる。冷凍用保存袋にたら、しっかりと混ぜ合わせたゆずこしょう大さじ1/2、薄口しょうゆ大さじ2、みりん大さじ2を入れ、全体になじませ、たらが重ならないように並べる。空気を抜いて口を閉じ、バットにのせて完全に凍るまで冷凍する。

食材バリエ

・同量（g）の豚ロース肉（とんかつ用）、鶏むね肉、鶏もも肉でも。
・同量（g）の鮭、ぶりなどの切り身魚でも。

淡白な白身魚も
旨味たっぷり！

焼く　ぬるま湯で解凍（P11）

みりん粕焼き（2人分）

「みりん粕漬け」半量を解凍し、ペーパータオルをはがす。魚焼きグリルに入れ、弱火で5～6分焼き、火を止めてそのまま2分ほどおき、器に盛る。

添え野菜Recipe

・玉ねぎ（みじん切り）大さじ3、ポン酢しょうゆ大さじ2を混ぜ、冷蔵庫で10分以上おき、たっぷりの大根おろしにかける。

その他の食べ方例

・焼いてほぐし、野菜と和える
・衣をつけて和風フライに
・鍋の具に

焼く　ぬるま湯で解凍（P11）

ゆずこしょう焼き（2人分）

「ゆずこしょう漬け」半量を解凍し、魚焼きグリルに入れ、弱火で5～6分焼く。火を止めてそのまま1分ほどおき、器に盛る。

添え野菜Recipe

・耐熱ボウルにもやし1/2袋、半分の長さに切った豆苗1/2袋分を入れ、ゆずこしょう小さじ1/3、薄口しょうゆ大さじ2/3、酒大さじ1を回しかける。ふんわりとラップをして電子レンジで4分加熱し、そのまま2分おき、全体を混ぜる。

その他の食べ方例

・焼いてほぐし、混ぜごはんに
・焼うどんの具に

ピリッと辛い味
身もほろほろ！

半調理冷凍
生たら
(切り身)

バジルが香ってさわやかなアクアパッツァ風と、
濃厚な味わいの中華煮の半調理冷凍です。
手が込んでいそうなおかずも、半調理冷凍ならラクラク調理！

半調理冷凍1

たらのアクアパッツァ風 {冷凍2週間}

手間がかかりそうなアクアパッツァですが、たらの切り身を使えば簡単に作れます。お好みの白身魚を使ってもおいしいです。

材料(4人分)

- 生たら(切り身)……4切れ(1切れ120～130g×4)
- 玉ねぎ(1cm幅のくし形切り)……1個分
- しめじ(粗めにほぐす)……1パック分(200g)
- にんにく(薄切り)……2かけ分
- 塩……小さじ1/2
- ドライバジル……小さじ1/2
- A
  - オリーブオイル……大さじ2
  - 白ワイン……大さじ2
  - 塩……小さじ1/2

作り方

たらはペーパータオルに包んで水けをおさえ、塩、ドライバジルをよくなじませる。冷凍用保存袋にたら、Aを加えて全体になじませ、たらが重ならないように並べる。調味料につからないように、玉ねぎ、しめじ、にんにくを上にのせる。袋の空気を抜いて口を閉じ、平らにしたら、バットにのせて完全に凍るまで冷凍する。

半調理冷凍2

たらの中華煮 {冷凍2週間}

淡白なたらを、オイスターソースとしょうゆ、みりんでしっかり味つけ。よく味が染み込んで、ごはんが進むおかずです。

材料(4人分)

- 生たら(切り身)……4切れ(1切れ120～130g×4)
- にんじん(せん切り)……2/3本分
- 長ねぎ(斜め薄切り)……1本分
- しいたけ(薄切り)……4枚分
- A
  - オイスターソース……大さじ3
  - しょうゆ……大さじ1
  - みりん……大さじ2
  - しょうが(すりおろし)……小さじ1

作り方

たらはペーパータオルに包んで水けをおさえ、冷凍用保存袋に入れる。よく混ぜ合わせたAを加えてなじませ、たらが重ならないように並べる。調味料につからないように、にんじん、長ねぎ、しいたけを上にのせる。袋の空気を抜いて口を閉じ、平らにしたら、バットにのせて完全に凍るまで冷凍する。

たらときのこの旨味がたっぷり！

加熱する（2人分）　凍ったまま調理（P10）

フライパンにオリーブオイル大さじ2/3、凍ったままの「たらのアクアパッツァ風」半量をたらが下になるように入れ、水50mlを回しかけ、蓋をして強火で加熱する。沸騰したら、蓋をしたまま強めの中火で7~8分、ひっくり返しながら加熱し、全体に火が通ったら塩少々で味をととのえる。

加熱する（2人分）　凍ったまま調理（P10）

フライパンにごま油大さじ2/3を入れ、凍ったままの「たらの中華煮」半量をたらが下になるように入れ、水30mlを回しかけ、蓋をして強火で加熱する。沸騰したら、蓋をしたまま強めの中火で7~8分、ひっくり返しながら加熱し、全体に火が入ったら塩少々で味をととのえる。

濃厚な旨味の中華おかず

下味冷凍
生さば
（3枚おろし）

臭みが出やすいさばは、買ってきたらすぐに下味冷凍しておくのがおすすめ。魚焼きグリルやフライパンで焼くだけでもおいしいですが、衣をつけてサクッと揚げて食べても美味！

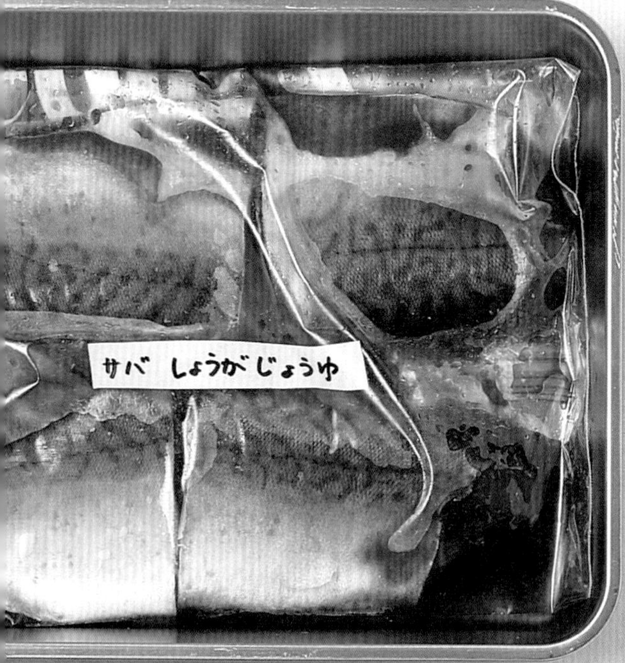

下味冷凍1

しょうがじょうゆ漬け｛冷凍10日｝

甘辛いタレにすりおろしたしょうがを加えることで臭みがおさえられ、焼いても揚げてもおいしい一品に。

下味をつける（4人分）

生さば（3枚おろし）1尾分（480~520g）はペーパータオルに包んで水けをおさえ、半分に切る。冷凍用保存袋にさば、混ぜ合わせたしょうゆ大さじ2、砂糖大さじ1、酒大さじ1、しょうが（すりおろし）小さじ1を入れ、全体になじませる。さばが重ならないように並べ、空気を抜いて口を閉じ、バットにのせて完全に凍るまで冷凍する。

食材バリエ

・同量（g）の豚切り落とし肉、牛肉、鶏むね肉、鶏ささみでも。
・同量（g）の鮭、ぶり、たらなどの切り身魚でも。

下味冷凍2

中華風みそ漬け｛冷凍10日｝

定番さばのみそ漬けに、オイスターソースと花椒を加え漬け込みます。花椒がアクセントとなりあとを引くおいしさです。

下味をつける（4人分）

生さば（3枚おろし）1尾分（480~520g）はペーパータオルに包んで水けをおさえ、半分に切る。冷凍用保存袋にさば、よく混ぜ合わせたみそ大さじ2、オイスターソース大さじ1、砂糖大さじ1、花椒（ひいたもの）小さじ1を入れ、全体になじませる。さばが重ならないように並べ、空気を抜いて口を閉じ、バットにのせて完全に凍るまで冷凍する。

食材バリエ

・同量（g）の豚肉、牛のロース肉（とんかつ用）、鶏むね肉、鶏もも肉、鶏ささみでも。
・同量（g）の鮭、ぶり、たらなどの切り身魚でも。

フライにして
サンドイッチにも！

揚げる　ぬるま湯で解凍（P11）

さばサンド（2人分）

「しょうがじょうゆ漬け」半量を解凍し、ペーパータオルに包んで水けをおさえ、小麦粉、溶き卵、パン粉各適量をまぶす。フライパンに1cm深さの揚げ油を入れて180℃に熱し、両面揚げる。マフィン2個をオーブントースターで2～3分焼き、厚さを半分に切り、バター適量を塗る。レタス1枚、スプラウト適量、さばをのせ、マヨネーズ適量をかけてサンドする。

その他の食べ方例

・魚焼きグリルで焼く
・衣をつけて竜田揚げに
・焼いてほぐし、混ぜごはんに

焼く　ぬるま湯で解凍（P11）

中華風みそ焼き（2人分）

「中華風みそ漬け」半量を解凍し、魚焼きグリルに入れ、タレは捨てずにとっておく。弱火で6分ほど焼き、火を止めてそのまま1分ほどおき、器に盛る。

添え野菜Recipe

・フライパンにごま油大さじ1を熱し、1cm幅のくし形に切った玉ねぎ1/2個分、半分に切ったしいたけ4枚分を炒め、とっておいたタレを加えてさらに炒め、しょうゆ適量で味をととのえる。

その他の食べ方例

・野菜と一緒に煮込む
・衣をつけて竜田揚げに

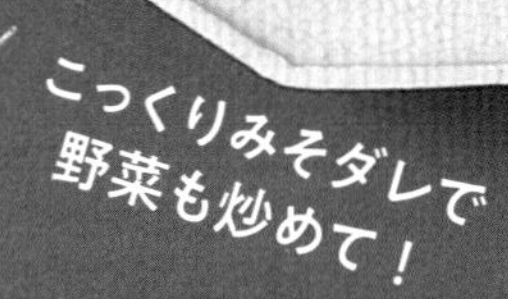

半調理冷凍
生さば
（3枚おろし）

少しクセのあるさばは、濃厚な味つけと相性抜群。
濃厚なトマト煮とさばみそで半調理冷凍を。
一緒に煮込んだ野菜もたっぷり食べられる、大満足のおかずです。

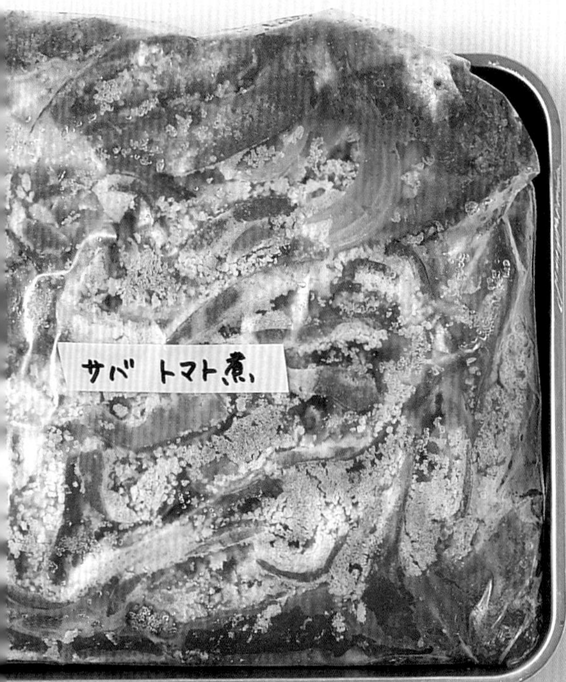

半調理冷凍1

さばと野菜の和風トマト煮 ｛冷凍10日｝

しょうゆとかつお節で和風に仕立てたトマト煮は、おもてなしにもおすすめ。彩りがよく、野菜がたっぷり食べられる一品です。

材料（4人分）

- 生さば（3枚おろし）……1尾分（480～520g）
- パプリカ（赤／せん切り）……1個分
- 玉ねぎ（薄切り）……1個分
- 塩……小さじ2/3
- こしょう……少々

A
- トマトホール缶……1缶
- しょうゆ……大さじ2
- にんにく（すりおろし）……大さじ1
- かつお節……5g

作り方

さばはペーパータオルに包んで水けをおさえ、半分に切る。塩、こしょうをふり、冷凍用保存袋にさば、しっかりと混ぜ合わせた**A**を入れ、さばが重ならないように並べる。調味料につからないよう、パプリカ、玉ねぎを上にのせる。袋の空気を抜いて口を閉じ、平らにしたら、バットにのせて完全に凍るまで冷凍する。

半調理冷凍2

ねぎたっぷりさばみそ ｛冷凍10日｝

さばにはもちろん、くたっとした長ねぎにもよく味が染み込んだ、さばの定番おかずです。ほかほかのごはんと一緒に召し上がれ。

材料（4人分）

- 生さば（3枚おろし）……1尾分（480～520g）
- 長ねぎ（斜め切り）……2本分

A
- みそ……大さじ4
- 砂糖……大さじ3
- しょうゆ……小さじ1
- みりん……大さじ1
- しょうが（すりおろし）……小さじ1

作り方

さばはペーパータオルに包んで水けをおさえ、半分に切る。冷凍用保存袋にさば、混ぜ合わせた**A**を入れて全体をなじませ、さばが重ならないように並べる。調味料につからないよう、長ねぎを上にのせる。袋の空気を抜いて口を閉じ、平らにしたら、バットにのせて完全に凍るまで冷凍する。

ごはんによく合う
トマト煮！

加熱する（2人分）

凍ったまま調理（P10）

フライパンにオリーブオイル大さじ2/3、凍ったままの「さばと野菜の和風トマト煮」半量をさばが下になるように入れ、水30mlを回しかけ、蓋をして強火で加熱する。沸騰したら、蓋をしたまま強めの中火で7~8分、ひっくり返しながら加熱し、水分を飛ばすように煮詰め、塩少々で味をととのえる。器に盛り、お好みでみじん切りにしたパセリ適量をかける。

加熱する（2人分）

凍ったまま調理（P10）

フライパンにサラダ油大さじ1/2、凍ったままの「ねぎたっぷりさばみそ」半量をさばが下になるように入れ、水50mlを回しかけ、蓋をして強火で加熱する。沸騰したら、蓋をしたまま強めの中火で7~8分ひっくり返しながら加熱し、水分を少し残すように煮詰める。

ねぎの甘みたっぷり！
煮魚も手軽に

脂がのって旨味のあるぶりは、カレー風味やしょうゆ味で下味冷凍しておくと便利です。よく味の染みた竜田揚げは、お弁当のおかずやおつまみにしてもおいしい！

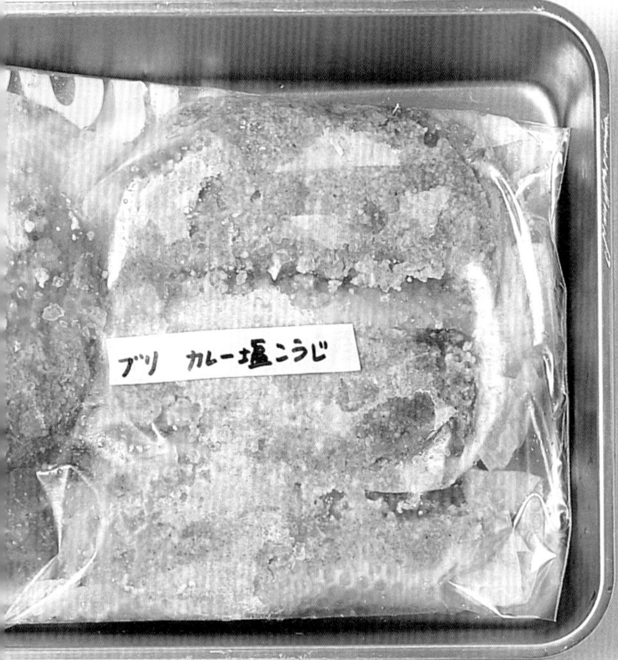

下味冷凍1

カレー塩麹 {冷凍10日}

塩麹で旨味が増したぶりに食欲をそそるカレー味の下味冷凍。添え野菜Recipeでエスニックな一品が完成します。

下味をつける(4人分)

ぶり(切り身)4切れ(1切れ120～130g×4)は1切れずつペーパータオルに包み、その上からよく混ぜ合わせたカレー粉大さじ1、塩麹大さじ4、はちみつ大さじ2を1/4量ずつ両面に塗る。冷凍用保存袋に重ならないように入れ、空気を抜いて口を閉じ、バットにのせて完全に凍るまで冷凍する。

食材バリエ

・同量(g)の豚ロース肉(とんかつ用)、鶏むね肉、鶏もも肉、鶏ささみでも。
・同量(g)の鮭、たらなどの切り身魚でも。

下味冷凍2

しょうゆ漬け {冷凍10日}

すりおろしたにんにくとしょうがを加えたタレに漬け込んだ風味のよい下味冷凍。今回は竜田揚げのレシピをご紹介。

下味をつける(4人分)

ぶり(切り身)4切れ(1切れ120～130g×4)はペーパータオルに包んで水けをおさえる。冷凍用保存袋にぶり、しっかりと混ぜ合わせたしょうゆ大さじ2、はちみつ大さじ2、しょうが(すりおろし)小さじ1、にんにく(すりおろし)小さじ1を入れ、全体になじませる。ぶりが重ならないように並べ、空気を抜いて口を閉じ、バットにのせて完全に凍るまで冷凍する。

食材バリエ

・同量(g)の豚肉などのロース肉(とんかつ用)でも。
・同量(g)の鮭、ぶり、たらなどの切り身魚でも。

焼く

ぬるま湯で解凍(P11)

カレー塩麹焼き(2人分)

「カレー塩麹」半量を解凍し、ペーパータオルをはがす。温めた魚焼きグリルに入れ、弱火で5～6分焼き、火を止めてそのまま1分ほどおき、器に盛る。

添え野菜Recipe

・大根1/12本、にんじん1/6本はせん切りにし、ボウルに入れる。スウィートチリソース大さじ1、ナンプラー小さじ1/2を加えて混ぜる。

その他の食べ方例

・焼いてほぐし、混ぜごはんに
・和風パスタにの具に
・衣をつけてフライに

揚げる

ぬるま湯で解凍(P11)

ぶりの竜田揚げ(2人分)

「しょうゆ漬け」半量を解凍し、3等分に切る。ペーパータオルで水けをおさえ、よく混ぜた片栗粉大さじ2、小麦粉大さじ1をまぶす。180℃に熱した揚げ油適量で両面1分30秒ずつ揚げ、器に盛る。

添え野菜Recipe

・キャベツ3枚、青じそ2枚はせん切りにし、混ぜる。

その他の食べ方例

・魚焼きグリルで焼く
・衣をつけて和風フライに

しっかり味の辛みそと、人気のぶりの照り焼きの半調理冷凍です。
濃厚な味わいのおかずだから、ごはんと一緒に
ガッツリ食べたい日に大活躍してくれるはず。

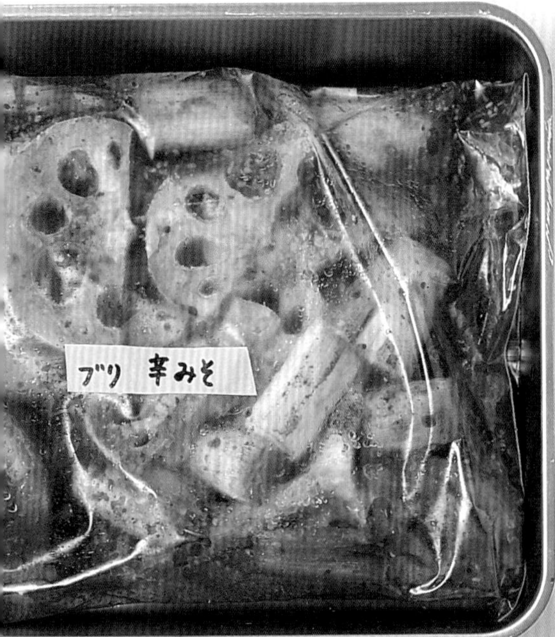

半調理冷凍1

ぶりの辛みそ焼き {冷凍10日}

コチュジャンの濃厚な味わいがぶりによくあうおかずです。
歯応えのあるれんこんが、アクセントになっておいしい！

材料(4人分)

- ぶり(切り身)……4切れ(1切れ120～130g×4)
- れんこん(7mm幅の半月切り)……1/2節分
- 長ねぎ(3cm幅に切る)……1本分

A
- コチュジャン……大さじ2
- しょうゆ……大さじ1
- 炒り白ごま……大さじ2
- 酒……大さじ2

作り方

ぶりはペーパータオルに包んで水けをおさえる。冷凍用保存袋にぶり、よく混ぜ合わせたAを入れ、全体になじませる。れんこんは水にさらしてアクを抜き、水けをきる。ぶりが重ならないように並べ、調味料につからないよう、長ねぎ、れんこんを上にのせる。袋の空気を抜いて口を閉じ、平らにしたら、バットにのせて完全に凍るまで冷凍する。

半調理冷凍2

ぶりの照り焼き {冷凍10日}

ぶりの人気おかず、照り焼きも半調理冷凍がおすすめ。
一緒に冷凍したごぼうにも、しっかり味が染み込みます。

材料(4人分)

- ぶり(切り身)……4切れ(1切れ120～130g×4)
- ごぼう(5mm幅の斜め切り)……1/2本分

A
- しょうゆ……大さじ2
- みりん……大さじ2
- 砂糖……大さじ1

作り方

ぶりはペーパータオルに包んで水けをおさえる。冷凍用保存袋にぶり、よく混ぜ合わせたAを入れ、全体になじませる。ごぼうは水にさらしてアクを抜き、水けをきる。ぶりが重ならないように並べ、調味料につからないよう、ごぼうを上にのせる。袋の空気を抜いて口を閉じ、平らにしたら、バットにのせて完全に凍るまで冷凍する。

コチュジャンダレで韓国風！

加熱する（2人分）　凍ったまま調理（P10）

フライパンにごま油大さじ2/3、凍ったままの「ぶりの辛みそ焼き」半量をぶりが下になるように入れ、水50mlを回しかけ、蓋をして強火で加熱する。沸騰したら、蓋をしたまま強めの中火で7~8分、ひっくり返しながら加熱し、水分を飛ばすように煮詰める。

脂ののったぶりの旨味を存分に

加熱する（2人分）　凍ったまま調理（P10）

フライパンにサラダ油大さじ1/2、凍ったままの「ぶりの照り焼き」半量をぶりが下になるように入れ、水50mlを回しかけ、蓋をして強火で加熱する。沸騰したら、蓋をしたまま強めの中火で7~8分、ひっくり返しながら加熱し、水分を飛ばすように焼きつける。

下味冷凍
えび

和、洋、中、エスニック料理から、揚げても炒めても、
サラダにトッピングしてもと幅広く使えるえびは、あると便利な食材。
下味冷凍しておけば、プリップリのえびをいつでも楽しめます。

下味冷凍1

ガーリックシュリンプ {冷凍2週間}

アレンジの幅が広い、えびの下味冷凍です。
フリッターやフライなどの揚げ物、炒め物にも重宝します。

下味をつける（4人分）

むきえび（大）300gは片栗粉適量でもみ洗いし、流水で洗い、ペーパータオルで水けをおさえる。冷凍用保存袋にえび、よく混ぜ合わせたにんにく（すりおろし）大さじ1、長ねぎ（みじん切り）1本分、ナンプラー大さじ3、スウィートチリソース大さじ2を入れ、全体になじませる。平らにし、空気を抜いて口を閉じ、箸で4等分に押し分けて、バットにのせて完全に凍るまで冷凍する。

食材バリエ

・同量（g）の豚肉、牛切り落とし肉、鶏むね肉、鶏ささみでも。
・同量（g）のたらなどの切り身魚でも。

下味冷凍2

マヨネーズ漬け {冷凍2週間}

ドライバジルを一緒に漬けることで、こってりしすぎずに
食べられるマヨネーズ漬けです。炒めるだけでおいしい一品。

下味をつける（4人分）

むきえび（大）300gは片栗粉適量でもみ洗いし、流水で洗い、ペーパータオルで水けをおさえる。冷凍用保存袋にえび、よく混ぜ合わせたマヨネーズ大さじ8、はちみつ大さじ2、ドライバジル小さじ1/2を入れ、全体になじませる。平らにし、空気を抜いて口を閉じ、箸で4等分に押し分けて、バットにのせて完全に凍るまで冷凍する。

食材バリエ

・同量（g）の鶏もも肉、鶏むね肉、鶏ささみでも。
・同量（g）の鮭などの切り身魚でも。

衣がサクサク！
おつまみにも◎

揚げる

ぬるま湯で解凍（P11）

えびのフリット（2人分）

「ガーリックシュリンプ」半量を解凍し、ペーパータオルで水けをおさえる。卵白１個分、小麦粉大さじ3、片栗粉大さじ2、塩小さじ1/4、水大さじ１と1/2～２をよく混ぜ、ガーリックシュリンプをくぐらせる。フライパンに1cm深さの揚げ油を入れて180℃に熱し、両面１分ずつ揚げ、器に盛り、お好みでくし形切りにしたレモン適量を添える。

その他の食べ方例

・野菜と一緒に炒める
・炊き込みピラフの具に
・塩焼きそばの具に

焼く

ぬるま湯で解凍（P11）

えびのマヨ焼き（2人分）

「マヨネーズ漬け」半量を解凍し、フライパンにオリーブオイル大さじ1/2を強めの中火で熱し、3~4分水分を飛ばすように炒める。

添え野菜Recipe

・レタス４枚はせん切りにして器に盛り、えびのマヨ焼きをのせる。

その他の食べ方例

・野菜と一緒に炒める
・衣をつけてフライに
・串に刺して焼く

ピリ辛があとを引くケチャップ炒めと、
酸味がおいしい南蛮漬け風の半調理冷凍。食感のよいえびと、
味が染みた野菜がおいしい、お箸が進むおかずです。

半調理冷凍1

えびのピリ辛ケチャップ炒め {冷凍2週間}

豆板醤を加えてピリッと辛い中華風のおかずです。
ごはんが進む味つけだから、たくさん食べたい日にどうぞ。

材料（4人分）

・むきえび（大）……300g
・玉ねぎ（1cm角に切る）……1個分
・グリーンピース（水煮）……1缶（55g）

A
・トマトケチャップ……大さじ4
・しょうゆ……大さじ1/2
・豆板醤……小さじ1～2
・鶏がらスープの素（粉末）……小さじ1/2

作り方

えびは片栗粉適量（分量外）でもみ洗いし、流水で洗い、ペーパータオルで水けをおさえる。冷凍用保存袋にえび、玉ねぎ、水けをきったグリーンピース、よく混ぜ合わせた**A**を入れ、全体になじませる。袋の空気を抜いて口を閉じ、平らにしたら、箸で4等分に押し分け、バットにのせて完全に凍るまで冷凍する。

半調理冷凍2

えびの南蛮漬け風 {冷凍2週間}

甘味と酸味がちょうどよい、食欲をそそる一品です。
プリッとしたえびと、せん切り野菜の食感を楽しんで。

材料（4人分）

・むきえび（大）……300g
・きくらげ（乾燥／水で戻してせん切り）……5g
・長ねぎ（斜め薄切り）……1本分
・にんじん（せん切り）……1本分

A
・しょうゆ……大さじ2
・酢……大さじ2
・砂糖……大さじ2
・鶏がらスープ（粉末）……小さじ1

作り方

えびは片栗粉適量（分量外）でもみ洗いし、流水で洗い、ペーパータオルで水けをおさえる。冷凍用保存袋にえび、よく混ぜ合わせた**A**を入れ、全体になじませる。箸で4等分に押し分け、調味料につからないよう、きくらげ、長ねぎ、にんじんを上にのせる。袋の空気を抜いて口を閉じ、平らにしたら、バットにのせて完全に凍るまで冷凍する。

豆板醤がピリッと
効いたえびチリ！

加熱する（2人分）　凍ったまま調理（P10）

フライパンにサラダ油大さじ2/3、凍ったままの「えびのピリ辛ケチャップ炒め」半量を入れ、水30mlを回しかけ、蓋をして強火で加熱する。沸騰したら、蓋をしたまま強火で5~6分強めの中火でほぐしながら炒め、全体がほぐれたら強火で水分を飛ばすように炒める。

加熱する（2人分）　凍ったまま調理（P10）

フライパンにごま油大さじ2/3、凍ったままの「えびの南蛮漬け風」半量を入れ、水30mlを回しかけ、蓋をして強火で加熱する。沸騰したら、蓋をしたまま強火でひっくり返しながら5~6分炒め、全体に火が入るまで強火で炒める。

ほどよい酸味と
たっぷり野菜が美味！

column

＼失敗しない！／

冷凍野菜 2

生のまま＆さっとゆで冷凍野菜

水っぽくなってしまうなど、失敗しがちな冷凍野菜。
その野菜に適した冷凍法と解凍法をおぼえれば、失敗知らずに！

冷凍オクラ

日持ちしない
オクラは
冷凍が一番！

冷凍法
オクラ10本はヘタを切り落として板ずりをし、7mm幅の輪切りにする。冷凍用保存袋に入れ、平らにして冷凍する。

解凍法
自然解凍や流水解凍で和え物や冷奴のトッピングに。凍ったままスープの浮き実やカレーに加えるのも◎。

冷凍パプリカ

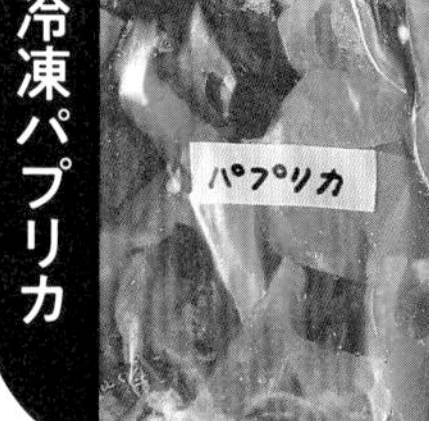

シャキシャキ！
っとした食感と
甘味が美味

冷凍法
パプリカ赤、黄各1個は、ヘタと種を取り除き、縦に6等分、横に3等分に切る。冷凍用保存袋に入れ、平らにして冷凍する。

解凍法
凍ったまま調理を。炒め物や、さっとゆでて和え物に。煮込み料理の彩りにも。

冷凍いんげん

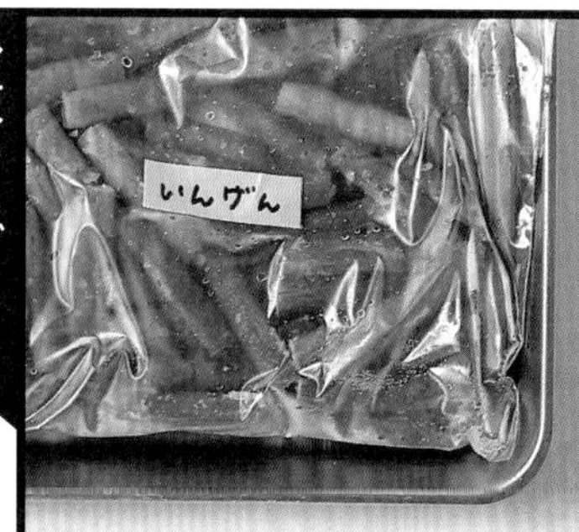

さっとゆでてから
冷凍しておくのが
おすすめ！

冷凍法
さやいんげん20本は、塩ゆでしてザルに上げ、ヘタを切り落として4等分に切る。粗熱をとり、冷凍用保存袋に入れ、平らにして冷凍する。

解凍法
自然解凍、または流水解凍をして、和え物やさっと煮に。凍ったままスープや炒め物にもおすすめ。

冷凍ブロッコリー

しっかりと
水けをきるのが
保存のコツ！

冷凍法
ブロッコリー2株は小房に分け、かために塩ゆでして水けをきり、粗熱をとる。冷めたら冷凍用保存袋に入れ、平らにして冷凍する。

解凍法
流水解凍や自然解凍で水けをきり、サラダや和え物に。凍ったままカレーやシチュー、炒め物にしても。

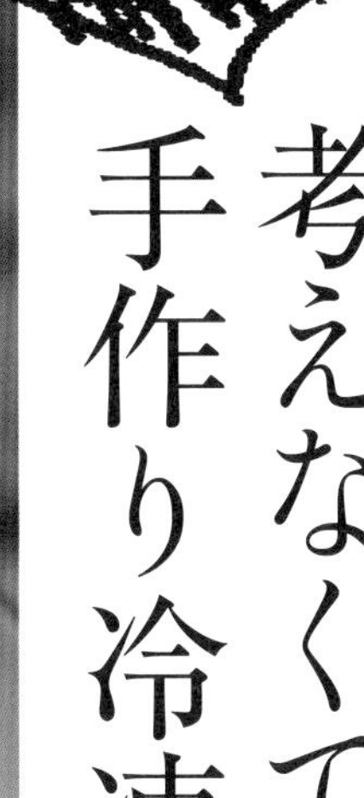

考えなくていい手作り冷凍食品

市販の冷凍食品は手軽だけど、手作りすれば、
できたてのおいしさが味わえるうえ、節約にも。
スープやグラタンなどの一品料理から、
野菜ミックスまで、幅広く紹介します。

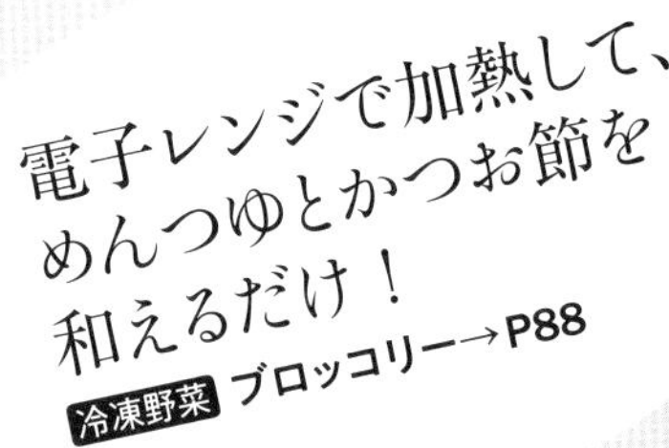

「考えなくていい」冷凍食品がメインの献立

豚汁の献立

具だくさんの豚汁には、混ぜごはんと
簡単な和え物を添えるくらいがちょうどいい。
手作り冷凍食品を仕込んでおけば、
食べるときは面倒な下ごしらえなしで食べられます。

凍ったまま水と一緒に
火にかけるだけ！
冷凍スープ 豚汁→P106

全ての材料を
炊飯器に入れて、
スイッチをオン！
冷凍野菜ミックス きのこミックス→P100

→After

かつお節の風味が
おいしい和え物に！
豚肉の旨味が◎。
お腹も心も満たされる！
豚汁→P107
きのこたっぷりの
簡単混ぜごはんが完成！
きのこの炊き込みごはん→P100

冷凍野菜ミックス

和風や中華の
幅広い料理で
使いやすい

冷凍野菜ミックスで簡単おかず1

揚げ野菜ミックス｛冷凍2週間｝

切った野菜を素揚げするだけでOKだから揚げ物初心者でも作りやすい！にんじんやピーマンなどの野菜で作っても便利です。

材料（作りやすい分量）

- なす（一口大の乱切り）……5本分
- さやいんげん（4等分に切る）……20本分
- 長ねぎ（2cm幅に切る）……2本分

作り方

全ての材料は素揚げしてしっかり油をきり、冷凍用保存袋に入れる。空気を抜いて口を閉じ、平らにしたら、バットにのせて完全に凍るまで冷凍する。

麻婆なす

材料（2人分）

- 揚げ野菜ミックス……1/4量
- 麻婆肉みそ（P104）……1/4量
- 水……50ml
- 水溶き片栗粉……片栗粉小さじ1/2＋水大さじ1/2

作り方

1 フライパンに凍ったままの麻婆肉みそ、揚げ野菜ミックスを順に入れ、水を回しかけ、蓋をして強火で加熱する。

2 沸騰したら、蓋をしたまま強めの中火で3～4分ほぐしながら加熱し、水溶き片栗粉を加え、とろみをつける。

和風カレー

材料（2人分）

- 揚げ野菜ミックス……1/4量
- 牛切り落とし肉……150g
- 塩、こしょう……各適量
- A
  - カレー粉……大さじ1と1/2
  - 小麦粉……大さじ1
- B
  - 水……300ml
  - トマトケチャップ……大さじ1
  - 中濃ソース……大さじ1/2
  - 顆粒コンソメ……小さじ1
- ごはん……適量
- サラダ油……小さじ1

作り方

1 牛肉は塩、こしょう各適量で下味をつける。フライパンにサラダ油を熱し、牛肉を強火で炒め、**A**を加えて香りが出るまで炒める。**B**、凍ったままの揚げ野菜ミックスを加え、中火で15分ほど煮込み、塩、こしょう各少々で味をととのえる。

2 器にごはん適量、**1**を盛る。

なすとベーコンの和風スパゲッティ

材料（2人分）

- 揚げ野菜ミックス……1/4量
- ロングパスタ……160g
- ベーコン（3cm幅に切る）……3枚分
- A
  - しょうゆ……大さじ1
  - かつお節……5g
  - みりん……大さじ1
  - 水……大さじ2
- オリーブオイル……小さじ1

作り方

1 パスタは塩適量（分量外）を加えた熱湯で袋の表示通りの時間ゆでる。

2 フライパンにオリーブオイルを熱し、ベーコンを炒め、脂が出たら**A**、凍ったままの揚げ野菜ミックスを入れ、蓋をして1分ほど加熱する。ゆでたてのパスタを加えて全体を絡め、ゆで汁適量を加えて味をととのえ、器に盛る。

作りおきの
麻婆肉みそで簡単

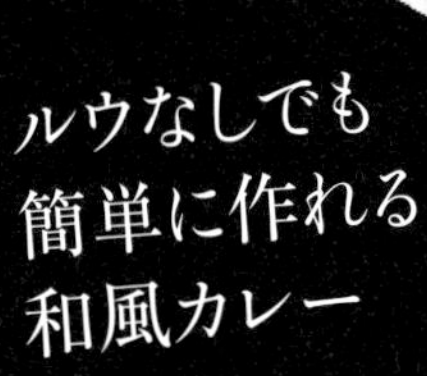

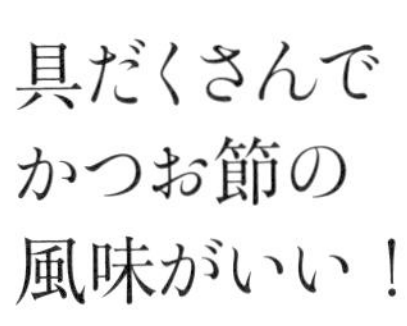

冷凍野菜
ミックス

洋風おかずで
大活躍の野菜
ミックス！

冷凍野菜ミックスで簡単おかず2

イタリアン野菜ミックス｛冷凍2週間｝

ドライバジルをまぶした野菜をオーブンで焼いたミックス野菜です。彩りがいいから、お弁当のおかずでも大活躍してくれます。

材料（作りやすい分量）

A
- パプリカ（赤・黄／乱切り）……各1個分
- ズッキーニ（7mm幅の輪切り）……2本分
- 玉ねぎ（1cm幅のくし形切り）……1個分

- ドライバジル……小さじ1
- オリーブオイル……大さじ3

作り方

ボウルに全ての材料を入れて混ぜる。オーブン皿に重ならないように並べ入れ、200℃のオーブンで15分焼き（またはフライパンに平らに並べ、強めの中火で両面2～3分ずつ焼く。重ねると水分が出てしまうので、フライパンが小さい場合は2～3回に分けて焼く）、冷ます。冷凍用保存袋に入れ、袋の空気を抜いて口を閉じ、平らにしたら、バットにのせて完全に凍るまで冷凍する。

カチャトーラ

材料（2人分）

- イタリアン野菜ミックス……1/4量
- 鶏もも肉（一口大に切る）……1枚分
- にんにく（つぶす）……1かけ分
- 白ワイン……大さじ2
- A ・ホールトマト缶……1/2缶
  ・水……50ml
- 塩、こしょう…各適量
- オリーブオイル…小さじ1

作り方

1　フライパンにオリーブオイル、にんにくを入れて炒め、鶏肉を皮目を下にして入れ、焼き色がつくまで強めの中火で2分ほど焼き、ひっくり返して1分ほど焼く。

2　**1**に白ワインを加えて煮立て、**A**、凍ったままのイタリアン野菜ミックスを加え、落とし蓋をして中火で15分ほど煮込み、塩、こしょうで味をととのえる。

めかじきと野菜のグリル

材料（2人分）

- イタリアン野菜ミックス……1/4量
- めかじき（切り身）……2枚
- にんにく（つぶす）……1かけ分
- 塩、こしょう……各適量
- 小麦粉……大さじ1/2
- オリーブオイル……大さじ1/2

作り方

1　めかじきは塩小さじ1/2、こしょう少々で下味をつけ、小麦粉をふる。フライパンにオリーブオイル、にんにくを入れて強めの中火で熱し、香りが出たらめかじきを加え、2分ほど焼く。ひっくり返して凍ったままのイタリアン野菜ミックスを加え、蓋をして中火で2分ほど焼き、めかじきを器に取り出す。

2　フライパンに残った野菜は水分を飛ばすように強めの中火で炒め、塩、こしょう各少々で味をととのえ**1**に添える。

イタリアンオムレツ

材料（2人分）

- イタリアン野菜ミックス……1/4量
- ベーコン（5mm幅に切る）……3枚分
- A ・卵……4個
  ・マヨネーズ……大さじ4
- 塩……少々
- こしょう……少々
- オリーブオイル…大さじ2

作り方

1　フライパンを強めの中火で熱し、ベーコンを炒め、脂が出てきたら凍ったままのイタリアン野菜ミックスを加え、蓋をして1分ほど焼く。蓋を外して全体をほぐし、強火にして焼きつけるように炒め、塩、こしょうで下味つけて一度取り出す。

2　フライパンを洗い、オリーブオイルを強めの中火で熱し、混ぜ合わせた**A**を流し入れ、ゆるめのスクランブルエッグにし、**1**をのせ、包むようにして器に取り出す。

野菜がたっぷり
食べられる
トマト煮

お好みの魚や肉に
変えてもおいしい！

お好みで
トマトケチャップを
添えて食べても

スープや炒め物、
サラダなどに
アレンジしやすい！

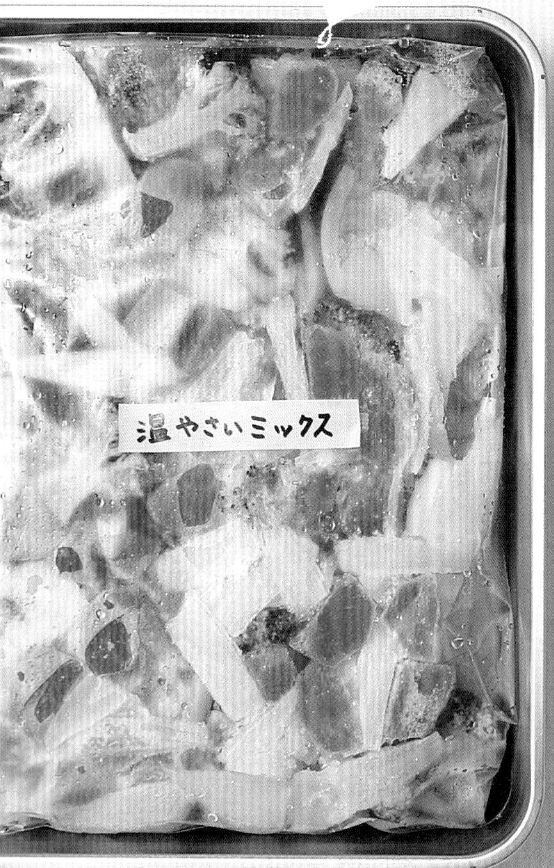

冷凍野菜ミックスで簡単おかず3

温野菜ミックス｛冷凍2週間｝

塩ゆでした野菜を冷凍した、温野菜ミックスはとにかく万能！サラダや和え物など、いろんな場面で活躍させて。

材料（作りやすい分量）

- ブロッコリー（小房に分ける）……1株分
- にんじん（小さめの乱切り）……2本分
- 玉ねぎ（1cm幅のくし形切り）……1個分

作り方

全ての材料を塩ゆでし、ザルに上げて冷ます。冷凍用保存袋に入れ、袋の空気を抜いて口を閉じ、平らにしたら、バットにのせて完全に凍るまで冷凍する。

野菜たっぷりコンソメスープ

材料（2人分）

- 温野菜ミックス……1/4量
- ウインナー（斜め半分に切る）……3本分
- 水……300ml
- 顆粒コンソメ……小さじ1/2
- 塩、こしょう……各少々

作り方

鍋に凍ったままの温野菜ミックス、ウインナー、水、顆粒コンソメを入れて強火にかける。沸騰したら中火にし、2～3分煮る。塩、こしょうで味をととのえ、器に盛る。

えびと野菜の中華炒め

材料（2人分）

- 温野菜ミックス……1/4量
- むきえび（大）……200g
- 赤唐辛子（種を取り除く）……1/2本分
- にんにく（つぶす）……1かけ分
- 片栗粉……適量
- A
  - しょうゆ……小さじ1
  - オイスターソース……大さじ1と1/2
  - 鶏がらスープの素（粉末）……小さじ1
  - 酒……大さじ1
  - こしょう……少々
- 水溶き片栗粉……片栗粉小さじ1＋水小さじ2
- ごま油……大さじ1

作り方

1 むきえびは片栗粉でもみ洗いし、流水で洗い、ペーパータオルで水けをおさえる。

2 フライパンにごま油、赤唐辛子、にんにくを入れて炒め、香りが出たら、**1**、凍ったままの温野菜ミックスを加え、強めの中火で炒める。具材に火が通ったら、混ぜ合わせた**A**を回しかけて煮立たせ、水溶き片栗粉を加えてとろみをつけ、器に盛る。

温野菜のマカロニサラダ

材料（3～4人分）

- 温野菜ミックス……1/4量
- マカロニ……70g
- ゆで卵……2個
- ハム（1.5cm四方に切る）……4枚分
- サラダ菜……適量
- マヨネーズ……大さじ5
- 塩、こしょう……各少々

作り方

1 マカロニは塩適量（分量外）を加えた熱湯で袋の表示通りの時間ゆで、ゆで上がる1分前に凍ったままの温野菜ミックスを加え、同時に取り出し水けをきる。

2 ボウルに崩したゆで卵、ハム、**1**を入れてざっくりと混ぜ、マヨネーズを加え、塩、こしょうで味をととのえる。サラダ菜を敷いた器に盛る。

野菜ミックス
なら下処理が
ラクチン！

切った野菜を
オーブンで
焼くだけ！

冷凍野菜ミックスで簡単おかず4

焼き野菜ミックス {冷凍2週間}

玉ねぎ、なす、ズッキーニ、パプリカを切ったら
オーブンで10分焼いて完成！
洋食で使いやすい、野菜ミックスです。

材料（作りやすい分量）

A
・玉ねぎ（1cm角に切る）……1個分
・なす（小さめの乱切り）……3本分
・ズッキーニ（小さめの乱切り）……2本分
・パプリカ（赤／小さめの乱切り）……1個分

・オリーブオイル……大さじ2

作り方

ボウルに**A**を入れ、オリーブオイルをまぶし、クッキングシートを敷いたオーブン皿に入れて重ならないように広げ、200℃のオーブンで10分焼き（またはフライパンに平らに並べ、強めの中火で両面2～3分ずつ焼く。重ねると水分が出てしまうので、フライパンが小さい場合は2～3回に分けて焼く）、冷ます。冷凍用保存袋に入れ、袋の空気を抜いて口を閉じ、平らにしたら、バットにのせて完全に凍るまで冷凍する。

ロースト野菜のムサカ風

材料（1人分）

・焼き野菜ミックス……1/4量

A
・ミートソース（P102）……半量
・カレー粉……小さじ1

・生クリーム……大さじ2
・ピザ用チーズ……50g
・パセリ（みじん切り）……適量
・オリーブオイル……適量

作り方

1 耐熱皿にオリーブオイルを薄く塗り、凍ったままの焼き野菜ミックスを入れ、混ぜ合わせた**A**を全体にかける。

2 **1**に生クリームを回しかけ、ピザ用チーズをかけ、180℃のオーブンで20～30分焼く。お好みでパセリを散らす。

ゴロッと野菜のピザ

材料（1～2人分）

・焼き野菜ミックス……1/4量
・ピザ生地（市販）……2枚
・トマトソース（P105）……大さじ6
・ピザ用チーズ……100g
・塩、こしょう……各適量
・オリーブオイル……大さじ1

作り方

1 耐熱ボウルに凍ったままの焼き野菜ミックスを入れ、ラップをふんわりとかけ、電子レンジで2分加熱し、塩、こしょうで下味をつける。

2 ピザ生地にオリーブオイル、トマトソースを順に塗り、**1**、ピザ用チーズを順にのせる。200℃のオーブンで7～8分焼き、器に盛る。

鶏むね肉と野菜のカレー炒め

材料（2人分）

・焼き野菜ミックス……1/4量
・鶏むね肉……1枚（250g）

A
・塩……小さじ1/2
・カレー粉……小さじ1

・小麦粉……大さじ1/2
・ウスターソース……大さじ2
・塩……少々
・オリーブオイル……大さじ1

作り方

1 鶏肉は縦半分に切ってから一口大のそぎ切りにし、**A**をなじませ、小麦粉をまぶす。

2 フライパンにオリーブオイルを強めの中火で熱し、**1**を炒め、色が変わったら凍ったままの焼き野菜ミックスを加えて炒める。全体に火が通ったらウスターソースを加え、塩で味をととのえ、器に盛る。

ミートソースと
生クリームの
ソースが美味
市販のピザ生地で
手軽に作れる
カレー風味で
やみつきに！

お好みの
きのこを使って
作ってもOK！

冷凍野菜ミックスで簡単おかず5

きのこミックス {冷凍2週間}

数種類のきのこを切って、保存袋に入れるだけ！
使い勝手がいいから、常備しておくととっても便利。
みそ汁やスープの具材にするのもおすすめです。

材料（作りやすい分量）

- しめじ（ほぐす）……1パック分（200g）
- エリンギ（縦6等分に切り、半分の長さに切る）……1パック分（150g）
- まいたけ（ほぐす）……1パック分（150g）
- しいたけ（4等分に切る）……1パック分（100g）

作り方

全ての材料を冷凍用保存袋に入れ、袋の空気を抜いて口を閉じ、平らにしたら、バットにのせて完全に凍るまで冷凍する。

きのこの炊き込みごはん

材料（3～4人分）

- きのこミックス……1/3量
- 米……2合
- 油揚げ（5mm幅の短冊切り）……1枚分
- A
  - しょうゆ……大さじ1と1/2
  - 酒……50ml
  - 塩……小さじ1/2
- 和風だし汁……適量

作り方

1 米2合は洗米して水けをきり、油揚げ1枚は5mm幅の短冊切りにする。

2 炊飯器に米、凍ったままのきのこミックス、油揚げ、**A**を入れたら、和風だし汁を2合のメモリまで加え、炊飯する。

和風ハンバーグ きのこソース

材料（2人分）

- きのこミックス……1/3量
- ハンバーグ（P60）……2個
- A
  - しょうゆ……大さじ1と1/2
  - みりん……大さじ2
  - 水……大さじ1
  - 片栗粉……小さじ1
- パセリ（みじん切り）……適量
- ごま油……大さじ1/2

作り方

1 フライパンにごま油を強めの中火で熱し、解凍したハンバーグを入れ、焼き目がつくまで1～2分焼き、ひっくり返して蓋をし、弱火で10分ほど焼き、器に盛る。

2 **1**のフライパンで凍ったままのきのこミックスを強火で炒め、しんなりしたら混ぜ合わせた**A**を回しかける。一煮立ちさせ、とろみがついたらハンバーグにかけ、お好みでパセリ適量を散らす。

きのこのフラン

材料（2人分）

- きのこミックス……1/3量
- A
  - 卵……1個
  - 生クリーム……80ml
  - 牛乳……80ml
  - 顆粒コンソメ……小さじ1
- バター……10g
- 塩、こしょう……各少々

作り方

1 フライパンにバターを強めの中火で熱し、凍ったままのきのこミックスを入れ、しんなりするまで炒め、塩、こしょうで下味をつける。

2 耐熱皿に**1**を入れ、よく混ぜ合わせた**A**を注ぐ。

3 **2**をのせてたバットに熱湯を注ぎ、160℃のオーブンに入れて20～30分湯煎焼きにし、竹串を刺して火が通っているか確認する。

お好みで肉を
追加しても◎

きのこたっぷりの
ソースをかけて
ボーリューム満点

クリーミーな
洋風茶碗蒸し！

冷凍ソース

いちから全て手作りすると大変なおかずも、冷凍ソースがあれば簡単！
まとめて作っておけるから、市販品に頼りがちな人にもおすすめです。

冷凍ソースで簡単おかず1

ミートソース｛冷凍1ケ月｝

ミートソースはアレンジのバリエーションが豊富。ラザニアやスパゲッティなどに使える、ストックしておきたいソースです。

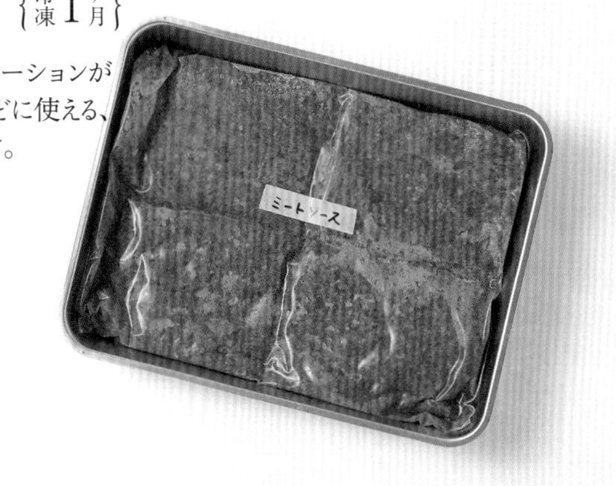

材料（作りやすい分量）

- 合いびき肉……300g
- A
  - 玉ねぎ（みじん切り）……1個分
  - セロリ（みじん切り）……1本分
  - マッシュルーム（みじん切り）……4個分
  - にんにく（すりおろし）……大さじ1/2
- 白ワイン……大さじ2
- B
  - トマトホール缶……1缶
  - トマトケチャップ……100g
  - 中濃ソース……50ml
  - ローリエ……1枚
  - 塩……小さじ1
- 塩、こしょう……各少々

作り方

鍋に合いびき肉を強めの中火で炒め、脂が出たらAを加えて炒め、白ワインを加える。煮立ったらBを加え、落とし蓋をして中火で30分ほど煮込む。弱めの中火にしてさらに30分ほど煮込み、塩、こしょうで味をととのえ、冷ます。冷凍用保存袋に入れ、袋の空気を抜いて口を閉じ、平らにしたら、箸で4等分に押し分け、バットにのせて完全に凍るまで冷凍する。

アレンジ1 焼く

エッグミートドリア

濃厚な味で大満足！
卵を崩しながら召し上がれ。

材料（2人分）

- ミートソース……1/4量
- ごはん……200g
- 卵……2個
- ピザ用チーズ……60g
- パセリ（みじん切り）……少々
- バター……少々

作り方

1 耐熱ボウルに凍ったままのミートソースを入れ、ふんわりとラップをして電子レンジで2分加熱する。

2 耐熱皿にバターを塗り、ごはんを敷き、**1**をかけ、真ん中をくぼませる。卵を割り入れ、ピザ用チーズをかける。トースターで5～6分焼き、パセリをかける。

アレンジ2 かける

タコライス

スパイスなしだから、子供もパクパク食べられる！

材料（2人分）

- ミートソース……1/2量
- ごはん……300g
- レタス（せん切り）……2枚分
- プチトマト（角切り）……6個分
- チーズ……大さじ4

作り方

1 耐熱ボウルに凍ったままのミートソースを入れ、ふんわりとラップをして電子レンジで2～3分加熱する。

2 器にごはんを敷き、レタス、**1**、プチトマト、チーズを順にのせる。

冷凍ソースで簡単おかず2

ホワイトソース {冷凍1ケ月}

市販のホワイトソースに頼りがちな
人でも、家にある材料で簡単に作れる
ホワイトソース。
まとめて作って保存しておけば、
手軽に使えて、料理の幅が広がります。

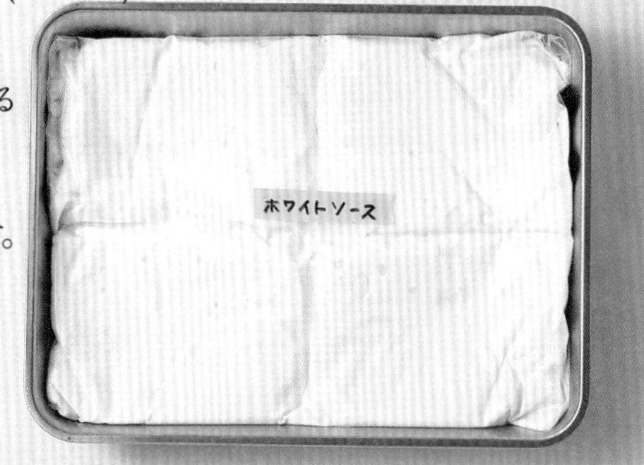

材料（作りやすい分量）

・小麦粉……60g
・バター……90g
・牛乳……900ml
・塩……小さじ1

作り方

鍋に小麦粉、バターを入れて中火で炒め、ふわふわと粉が揚がってきたら、温めた牛乳を加え、強めの中火にし、ホイッパーでよく混ぜながら加熱する。沸騰したら塩を加えて味をととのえ、冷ます。冷凍用保存袋に入れ、袋の空気を抜いて口を閉じ、平らにしたら、箸で4等分に押し分け、バットにのせて完全に凍るまで冷凍する。

アレンジ1 焼く

クロックムッシュ

とろ〜りチーズがおいしい！
朝食にもおすすめです。

材料（2人分）

・ホワイトソース……1/4量
・食パン（8枚切り）……4枚
・ハム……2枚
・サラダほうれん草……2株
・ピザ用チーズ……80g
・バター……適量

作り方

1 耐熱ボウルに凍ったままのホワイトソースを入れ、ふんわりとラップをして電子レンジで2分加熱する。食パンはバターを塗る。食パンにハム、サラダほうれん草、ホワイトソース半量をのせ、食パンを重ねる。さらに残りのホワイトソース、ピザ用チーズをのせる。

2 オーブントースターで**1**を4〜5分焼く。

アレンジ2 焼く

ツナとコーンのグラタン

コーンの甘みが広る！
熱々を召し上がれ。

材料（2人分）

・ホワイトソース……1/4量
・玉ねぎ（薄切り）……1/4個分
・マカロニ……70g
・バター……少々
・ツナ缶……小1缶
・コーン……30g
・ピザ用チーズ……30g
・パン粉……小さじ1
・パセリ（みじん切り）……適量

作り方

1 耐熱ボウルに凍ったままのホワイトソース、玉ねぎを入れ、ふんわりとラップをして電子レンジで3〜4分加熱する。マカロニは袋の表示通りの時間ゆでる。

2 耐熱皿にバターを塗り、マカロニ、ホワイトソースを混ぜて入れ、ツナ、コーンをのせ、ピザ用チーズをかけ、パン粉をふる。オーブントースターで5〜6分焼き、お好みでパセリをかける。

冷凍ソースで簡単おかず3

麻婆肉みそ {冷凍1ケ月}

豆板醤や甜麺醤を使って
本格的な味わいの麻婆肉みそ。
麻婆なすや麻婆春雨など、
炒め物でも大活躍してくれます。

材料（作りやすい分量）

- 豚ひき肉……400g
- 豆板醤……大さじ1/2～1
- A
  - みそ……大さじ2
  - 甜麺醤……大さじ2
  - オイスターソース……大さじ2
  - 長ねぎ（みじん切り）……1本分

作り方

フライパンでひき肉を炒め、脂が出たら、豆板醤を加えて炒める。ひき肉が赤く色づいたら、Aを加えて炒め、冷ます。冷凍用保存袋に入れ、袋の空気を抜いて口を閉じ、平らにしたら、箸で4等分に押し分け、バットにのせて完全に凍るまで冷凍する。

アレンジ1 加熱する

坦々麺

鶏がらスープであっさりと
食べられる坦々麺。

材料（2人分）

- 麻婆肉みそ……1/4量
- もやし……1/2袋
- 中華麺……2人分
- にら（みじん切り）……2本分
- A
  - 水……800ml
  - 鶏がらスープの素（粉末）……大さじ1
  - 酒……50ml
- こしょう……少々
- ラー油……適量

作り方

1 耐熱ボウルに凍ったままの麻婆肉みそを入れ、ふんわりとラップをして電子レンジで2分加熱する。鍋にAを入れて火にかけ、沸騰したらこしょうをふってスープを作る。別の鍋に湯を沸かし、もやしをさっとゆでて取り出し、中華麺を袋の表示通りにゆで、水けをきる。

2 器に麺を入れ、もやしをのせ、スープをかけ、麻婆肉みそをのせる。にらを散らし、お好みでラー油を回しかける。

アレンジ2 炒める

麻婆豆腐

市販の素を使わずに、
手作りの味が楽しめる！

材料（2～3人分）

- 麻婆肉みそ…半量
- 木綿豆腐（さいの目に切る）……1丁分（300g）
- 水……50ml
- 塩、こしょう……各少々
- 水溶き片栗粉……片栗粉小さじ1/2＋水大さじ1

作り方

1 フライパンに凍ったままの麻婆肉みそ、水を入れ、蓋をして強めの中火で1分ほど加熱する。蓋を外して麻婆肉みそをくずし、豆腐を加え、蓋をして中火で4～5分煮る。

2 1に塩、こしょうで味をととのえ水溶き片栗粉を回しかけ、とろみをつけ、器に盛る。

冷凍ソースで簡単おかず4

トマトソース {冷凍1ヶ月}

パスタやピザはもちろん、オムレツやソテーした肉や魚にかけても！
手作りだからお好みの辛さに仕上げて。

材料（作りやすい分量）

- 赤唐辛子（種を取り除く）……1/2本分
- にんにく（薄切り）……3かけ分
- 玉ねぎ（薄切り）……1個分
- A
  - トマトホール缶……2缶
  - ドライバジル……小さじ1/2
  - 塩……小さじ1
- 塩……少々
- オリーブオイル……大さじ3

作り方

鍋にオリーブオイル、赤唐辛子、にんにくを入れて強めの中火で炒め、香りが出たら玉ねぎを加えてさらに炒める。**A**を加え、トマトを崩しながら、かさが2/3量になるまで中火で煮込む。塩で味をととのえ、冷ます。冷凍用保存袋に入れ、袋の空気を抜いて口を閉じ、平らにしたら、箸で4等分に押し分け、バットにのせて完全に凍るまで冷凍する。

アレンジ1 加熱する

ローストチキンのトマトソース

パリッと焼かれたチキンがおいしいおしゃれな一品。

材料（2人分）

- トマトソース……1/4量
- 鶏もも肉……1枚
- 塩……小さじ1/2
- こしょう……少々
- バジル……適量
- オリーブオイル……大さじ1/2

作り方

1 鶏肉は塩、こしょうをふる。耐熱ボウルに凍ったままのトマトソースを入れ、ふんわりとラップをして電子レンジで2分加熱する。

2 フライパンにオリーブオイルを熱し、鶏肉の皮目を下にして入れ、強めの中火で1～2分焼く。皮目がパリッとして色づいたらひっくり返し、弱めの中火で5分ほど焼く。

3 器に**2**を盛り、フライパンの油をさっと拭き取る。トマトソースを入れて火にかけ、煮立ったら鶏肉にかけ、バジルを散らす。

アレンジ2 加熱する

ハヤシライス

濃厚なトマトの旨味が美味。
洋食屋さんのような味に。

材料（2人分）

- トマトソース……半量
- 豚肩ロース肉（しゃぶしゃぶ用）……150g
- ごはん……適量
- 水……50ml
- 中濃ソース……大さじ2
- パセリ（みじん切り）……適量
- バター……15g
- 塩、こしょう……各少々

作り方

1 フライパンにバターを強めの中火で熱し、豚肉を炒め、色が変わったら凍ったままのトマトソース、水を加え、蓋をして中火で5分ほど加熱する。蓋を外し、中濃ソースを加え、強めの中火で1～2分炒め、塩、こしょうで味をととのえる。

2 器にごはんを盛り、**1**をかけ、パセリを散らす。

冷凍スープ＆シチュー

食べるときに一から作ると、時間がかかるスープとシチューも冷凍作りおきが便利です。材料の下ごしらえが済んでいるから、あとは水分と一緒に加熱して味つけすれば、できたてが食べられます。

冷凍スープ＆シチュー1

豚汁 {冷凍2週間}

具だくさんの豚汁は、具材の下ごしらえが意外と大変。下ごしらえだけ済ませておけば、食べたいときに食べたい量で食べられます。

材料（3～4人分）

- 豚バラ薄切り肉……150g
- A
  - 長ねぎ（1cm幅の小口切り）……1本分
  - にんじん（半月切り）……小1本分
  - 里いも（半月切り）……4個分
  - 大根（いちょう切り）……1/4本分
  - 油揚げ（短冊切り）……1枚分
  - ごぼう（斜め薄切り）……1/2本分
- 和風だしの素（粉末）……小さじ2

作り方

豚肉は3cm幅に切り、さっと湯通しし、水にさらして水けをきる。**A**のごぼうは水にさらしてアク抜きし、水けをきる。冷凍用保存袋に**A**、和風だしの素を入れ、シャカシャカしてしっかり混ぜる。平らにし、箸で4等分に押し分け、上に豚肉を均等にのせる。袋の空気を抜いて口を閉じ、平らにしたら、バットにのせて完全に凍るまで冷凍する。

冷凍スープ＆シチュー2

手羽中の参鶏湯 {冷凍2週間}

家だとハードルが高そうな参鶏湯ですが、手羽中を使えば、手軽に作れます。手羽中の旨味が出たスープが絶品です。

材料（4人分）

- 鶏手羽中……20本
- もち米……1/2カップ
- 長ねぎ（1.5cm幅に切る）……1本分
- しょうが（スライス）……1かけ分
- にんにく（つぶす）……4かけ分
- クコの実……15g
- 松の実……20g
- すり白ごま……少々
- 水……200ml
- 塩……小さじ1と1/2

作り方

手羽中はペーパータオルに包んで水けをおさえ、塩小さじ1/2をまぶし、もち米は洗米して水けをきる。冷凍用保存袋にもち米、水、塩小さじ1を入れて、10分ほどおく。残りの全ての材料を入れ、具材が均等になるようにしっかりと混ぜる。袋の空気を抜いて口を閉じ、平らにしたら、箸で4等分に押し分け、バットにのせて完全に凍るまで冷凍する。

仕上げにみそを加えるのがコツ！

加熱する（2人分）　凍ったまま調理（P10）

鍋に凍ったままの「豚汁」半量、水700mlを入れて強火にかけ、沸騰したら中火にし、野菜がやわらかくなるまで5分ほど煮る。みそ大さじ2~3を溶き入れ、器に盛り、小口切りにした万能ねぎ適量やお好みで七味唐辛子適量をかける。

加熱する（2人分）　凍ったまま調理（P10）

鍋に凍ったままの「手羽中の参鶏湯」を2かけ、水500mlを入れて火にかけ、アクを取りながら沸騰させ、蓋をして弱めの中火で15分ほど煮る。もち米がやわらかくなったら塩少々で味をととのえ、器に盛る。

手羽の旨味がたっぷり！

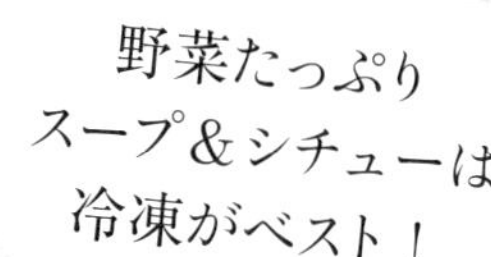

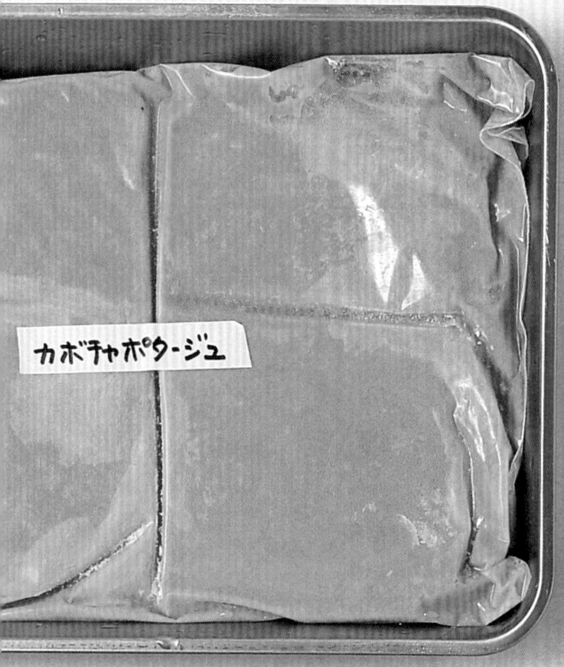

冷凍スープ&シチュー3

かぼちゃのポタージュ {冷凍2週間}

やさしい甘みで、朝ごはんや、夜食にもおすすめのポタージュ。お好みの野菜で作って、ストックしておいても便利です。

材料（4人分）

- かぼちゃ……1/4個
- セロリ（斜め薄切り）……1本分
- 長ねぎ（斜め薄切り）……1本分
- 塩……小さじ1と1/2
- ローリエ……1枚
- 水……300ml
- バター……50g

作り方

かぼちゃは種とワタを取り除いてラップに包み、電子レンジで3分加熱する。そのまま粗熱がとれるまでおき、皮をむいて7mm幅に切る。鍋にバター、セロリ、長ねぎを入れて強めの中火で炒め、透き通ってきたら、かぼちゃを加え、全体に油が回るように炒める。塩、ローリエ、水を加え、かぼちゃがやわらかくなるまで煮る。ローリエを取り除いてフードプロセッサーに入れ、なめらかになるまで攪拌し、冷凍用保存袋に入れる。袋の空気を抜いて口を閉じ、平らにしたら、箸で4等分に押し分け、バットにのせて完全に凍るまで冷凍する。

冷凍スープ&シチュー4

クラムチャウダー {冷凍2週間}

食べるときに冷凍しておいた具材を牛乳で煮て完成させるクラムチャウダーです。あさりは缶詰を使えば簡単です。

材料（4人分）

- あさり缶（むき身）……2缶（130g／固形65g）
- マッシュポテト（乾燥）……50g
- キャベツ（1cm角に切る）……1/4個分
- 玉ねぎ（1cm角に切る）……1個分
- 塩……小さじ1と1/2
- こしょう……小さじ1/3

作り方

冷凍用保存袋に全ての材料を入れ、しっかりと混ぜる。袋の空気を抜いて口を閉じ、平らにしたら、箸で4等分に押し分け、バットにのせて完全に凍るまで冷凍する。

牛乳を加えて
温めるだけ！

加熱する（1～2人分） 凍ったまま調理（P10）

鍋に凍ったままの「かぼちゃのポタージュ」1/4量、牛乳100～150mlを入れて強めの中火にかけ、なめらかになるまで煮る。器に盛り、粗びき黒こしょう少々をふる。

朝食にもピッタリの
具だくさんスープ

加熱する（2人分） 凍ったまま調理（P10）

鍋に凍ったままの「クラムチャウダー」半量、水200mlを入れ、蓋をして強めの中火にかける。沸騰したら中火にして5分ほど煮る。全体に火が入ったら牛乳100mlを加え、再度沸騰させ、塩、こしょう各少々で味をととのえる。器に盛り、みじん切りにしたパセリ適量をのせる。

材料を切ったら、調味料と一緒に保存袋に入れるだけで、
手作り冷凍食品が作れます。面倒な手間が省けるうえ、
食べるときもフライパンで水と一緒に加熱するだけとラクチン！

冷凍パスタ&春雨&リゾット1

サーモンとレモンのクリームパスタ {冷凍2週間}

レモンの風味がさわやかなクリームパスタです。
パスタを別ゆでせずに、フライパンひとつで作れます。

材料（4人分）

- サーモン（切り身）……4切れ
- ショートパスタ……200g
- セロリ（斜め薄切り）……1本分
- レモン（スライス）……4枚

A
- 生クリーム……200ml
- 白ワイン……50ml
- 塩……小さじ1
- にんにく（すりおろし）……大さじ1

作り方

サーモンはペーパータオルに包んで水けをおさえ、皮と骨を取り除き、4等分に切る。冷凍用保存袋にショートパスタ、しっかりと混ぜ合わせたAを入れて平らにし、上にセロリをのせる。箸で4等分に押し分けたら、さらにサーモン、レモンをのせる。袋の空気を抜いて口を閉じ、バットにのせて完全に凍るまで冷凍する。

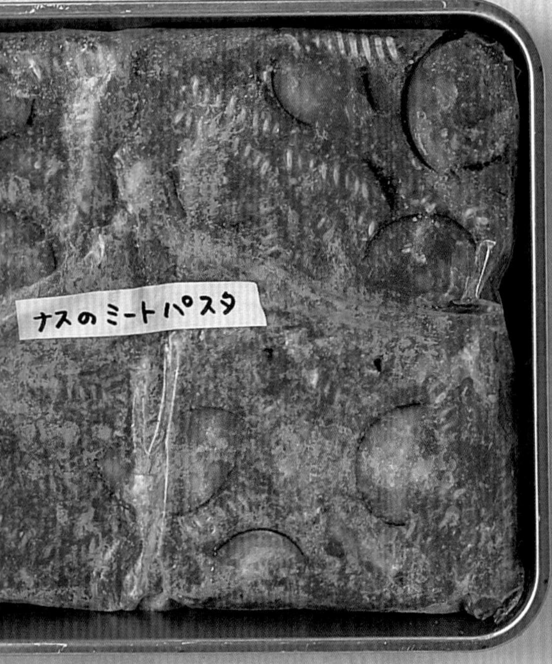

冷凍パスタ&春雨&リゾット2

なすのミートパスタ {冷凍2週間}

ひき肉の旨味がパスタやなすによく絡んで美味！
簡単なランチにしても、満足できる一品です。

材料（4人分）

- なす（7mm幅の輪切り）……2本分
- 合いびき肉……150g
- ショートパスタ……200g
- 玉ねぎ（みじん切り）……1/2個分
- セロリ（みじん切り）……1/2本分
- マッシュルーム（みじん切り）……4個分
- トマトホール缶……1/2缶
- にんにく（すりおろし）……小さじ1
- トマトケチャップ……大さじ1
- 中濃ソース……大さじ1
- 白ワイン……大さじ1
- 塩……小さじ1
- こしょう……少々

作り方

冷凍用保存袋に全ての材料を入れてしっかりと混ぜる。袋の空気を抜いて口を閉じ、平らにしたら、箸で4等分に押し分け、バットにのせて完全に凍るまで冷凍する。

火にかけるだけの
革命的パスタ！

加熱する（2人分）　凍ったまま調理（P10）

フライパンに凍ったままの「サーモンとレモンのクリームパスタ」半量、水400mlを入れ、蓋をして強めの中火にかけ、沸騰したら全体をほぐし、蓋をして中火で10分ほど加熱する。水分が多い場合は強火にし、水けを飛ばすように煮詰める。塩、こしょう各少々で味をととのえる。器に盛り、お好みでせん切りにしたセロリの葉適量をのせる。

加熱する（2人分）　凍ったまま調理（P10）

フライパンに凍ったままの「なすのミートパスタ」半量、水400mlを入れ、蓋をして強めの中火にかけ、沸騰したら全体をほぐし、蓋をして中火で10分ほど加熱する。水分が多い場合は強火にし、水けを飛ばすように煮詰める。塩、こしょう各少々で味をととのえる。器に盛り、みじん切りにしたパセリ適量をのせる。

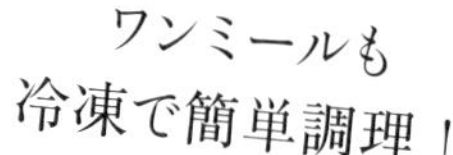

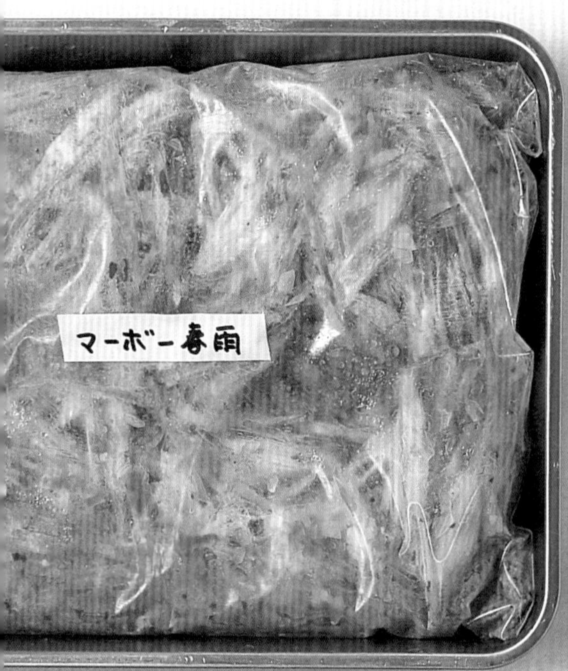

冷凍パスタ＆春雨＆リゾット3

麻婆春雨 {冷凍2週間}

麻婆肉みその旨味が、春雨によく染み込みます。
にんじんとさやいんげんも一緒に冷凍して彩りよく仕上げました。

材料（4人分）

- 麻婆肉みそ（P104）……1/2量
- 春雨……80g
- さやいんげん（斜め薄切り）……12本分
- にんじん（せん切り）……小1本分
- A
  - 鶏がらスープの素（粉末）……小さじ2
  - 水……100ml

作り方

冷凍用保存袋に解凍した麻婆肉みそ、**A**を入れてしっかりと混ぜ合わせ、平らにし、箸で4等分に押し分ける。春雨を4等分にして上に密着するようにのせ、さらにさやいんげん、にんじんをのせる。袋の空気を抜いて口を閉じ、バットにのせて完全に凍るまで冷凍する。

冷凍パスタ＆春雨＆リゾット4

きのこのリゾット {冷凍2週間}

お米も一緒に冷凍しておくから、水を加えて加熱するだけ。
かつお節と梅干しを使った、和風仕立てのリゾットです。

材料（4人分）

- 米……1合半
- 好みのきのこ（食べやすい大きさに切る）……300g
- 長ねぎ（1cm幅の小口切り）……1本分
- ベーコン（1cm幅に切る）……4枚分
- かつお節……5g
- 梅干し（種を取り除き叩く）……4個分
- 酒……60ml
- しょうゆ……大さじ2
- 塩……小さじ1/2
- 水……100ml

作り方

保存袋にきのこと長ねぎ以外の材料を入れ、よく混ぜて平らにし、箸で4等分に押し分け、きのこと長ねぎをのせる。袋の空気を抜いて口を閉じ、バットにのせて完全に凍るまで冷凍する。

ピリ辛！
野菜たっぷりの一品

加熱する（2人分）　凍ったまま調理（P10）

フライパンに凍ったままの「麻婆春雨」半量、水300mlを入れ、蓋をして強めの中火にかけ、沸騰したら全体をほぐし、蓋をして中火で4~5分煮る。蓋を外して水けを飛ばすように炒め、塩、こしょう各少々で味をととのえる。器に盛り、炒り白ごま適量をふる。

加熱する（2人分）　凍ったまま調理（P10）

フライパンに凍ったままの「きのこのリゾット」半量、水600mlを入れ、蓋をして強めの中火にかけ、沸騰したら全体をほぐし、蓋をして中火で7~8分煮る。米がやわらかくなったら、塩少々で味をととのえ、器に盛る。

きのこの旨味が
じんわりおいしい！

できたての熱々を食べたいグラタンとドリアも、加熱前まで仕込んで、冷凍保存がおすすめ。一食分ずつ分けて保存するから、食べたいときに食べたい人だけ調理できて便利です。

冷凍グラタン&ドリア1

かぼちゃのグラタン｛冷凍2週間｝

材料はかぼちゃと生クリーム、にんにく、塩だけとシンプル。かぼちゃの甘みと生クリームがよく合うグラタンです。

材料（4人分）

・かぼちゃ……1/2個

A
・生クリーム……200ml
・にんにく（すりおろし）……大さじ1/2
・塩……小さじ2/3

作り方

かぼちゃは種とワタを取り除いてラップに包み、電子レンジで3分加熱する。そのまま粗熱がとれるまでおき、皮ごと1cm幅に切り、食べやすい大きさに切る。冷凍用保存袋4枚に入れ、よく混ぜ合わせた**A**を回しかけながら加え、全体になじませる。袋の空気を抜いて口を閉じ、平らにしたら、バットにのせて完全に凍るまで冷凍する。

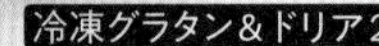
冷凍グラタン&ドリア2

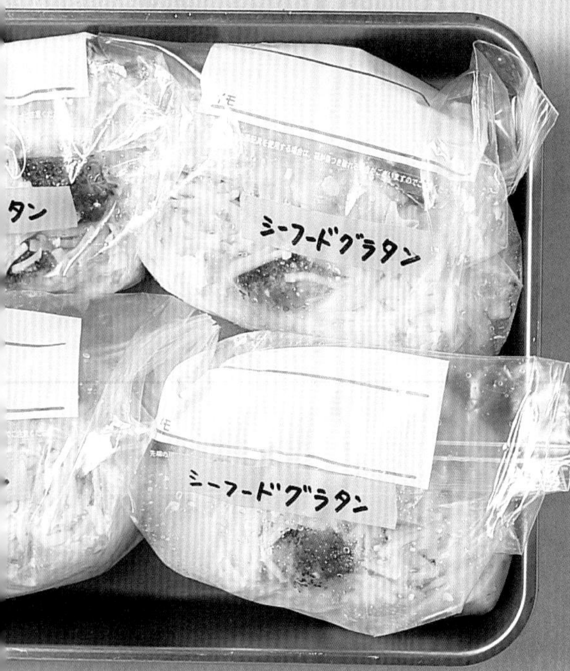

シーフードグラタン｛冷凍2週間｝

プリプリのえびとごろっと入ったブロッコリーの食感が楽しいグラタンです。作りおきしたホワイトソースを使えば手軽です。

材料（4人分）

・むきえび（大）……200g
・マカロニ……100g
・玉ねぎ（薄切り）……1個分
・ブロッコリー（小さめの小房に分ける）……1株分
・ホワイトソース（P103）……全量
・ピザ用チーズ……100g
・マヨネーズ……大さじ1
・オリーブオイル……大さじ1/2

作り方

えびは片栗粉適量（分量外）をもみ込み、ペーパータオルに包んで水けをおさえる。マカロニは塩適量（分量外）を加えた熱湯で袋の表示通りの時間ゆで、マヨネーズを和える。フライパンにオリーブオイルを強めの中火で熱し、玉ねぎを入れてしんなりするまで炒め、えびを加えてえびに火が通るまで炒め、マカロニ、解凍したホワイトソースを加え、混ぜる。冷凍用保存袋4枚に入れ、ブロッコリー、ピザ用チーズの順にのせる。袋の空気を抜いて口を閉じ、バットにのせて完全に凍るまで冷凍する。

焼く（1人分）　凍ったまま調理（P10）

耐熱皿に凍ったままの「かぼちゃのグラタン」1袋分をひっくり返して入れ、ラップをせずに電子レンジで5分加熱する。さらにオーブントースターで4~5分焼く。

焼く（1人分）　凍ったまま調理（P10）

耐熱皿に凍ったままの「シーフードグラタン」1袋分を入れ、ふんわりとラップをして電子レンジで6分加熱する。さらにオーブントースターで焼き色がつくまで5~6分焼く。

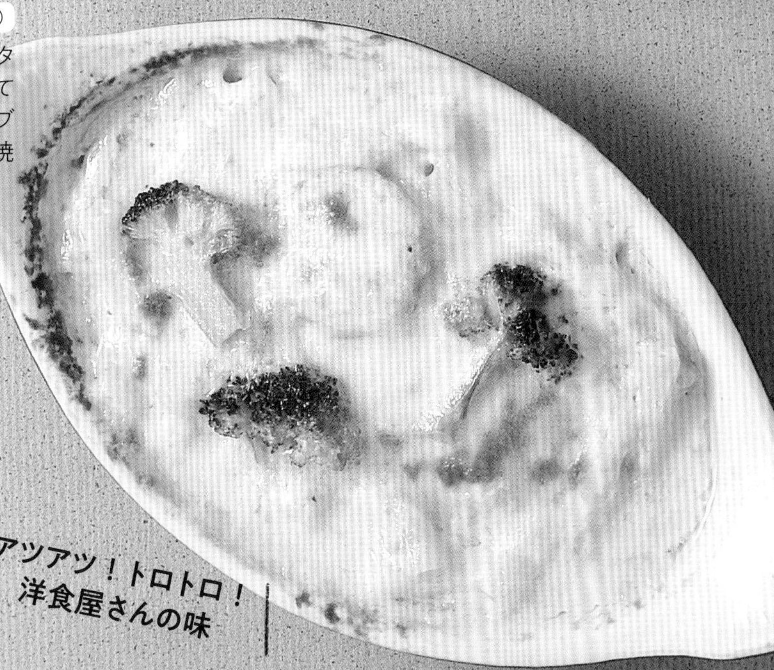

1人分ずつ
小分け冷凍が便利！

冷凍グラタン&ドリア3

ラザニア ｛冷凍2週間｝

作りおきしたソースを2種類使って作えば、材料を順に重ねて焼くだけ。濃厚な味わいで、お腹も心も満たされる一品です。

材料（4人分）

・ラザニア用パスタ（ゆでないタイプ）……8枚
・ミートソース（P102）……全量
・ホワイトソース（P103）……3/4量
・ピザ用チーズ……100g

作り方

ラザニアは半分に切り、ミートソースとホワイトソースは解凍する。冷凍用保存袋4枚にミートソース、ホワイトソース、ラザニアの順にのせ、それを4回繰り返す。さらにミートソース、ホワイトソース、チーズを順にのせる。袋の空気を抜いて口を閉じ、バットにのせて完全に凍るまで冷凍する。

冷凍グラタン&ドリア4

焼きカレー ｛冷凍2週間｝

オーブントースターで焼いたカレーは、香ばしさが加わって止まらないおいしさに。いつもと違った食べ方で楽しんで。

材料（4人分）

・ごはん……600g
・ひよこ豆のキーマカレー（P58）……1/2量
・ピザ用チーズ……100g

作り方

冷凍用保存袋4枚にごはんを入れて平らにし、解凍したキーマカレー、チーズを順にのせる。袋の空気を抜いて口を閉じ、バットにのせて完全に凍るまで冷凍する。

焼く（1人分）　凍ったまま調理（P10）

耐熱皿に凍ったままの「ラザニア」1袋分を入れ、ふんわりとラップをして電子レンジで6分加熱する。さらにオーブントースターで焼き色がつくまで5~6分焼く。

焼く（2人分）　凍ったまま調理（P10）

耐熱皿に凍ったままの「焼きカレー」2袋分を入れ、ふんわりとラップをして電子レンジで5分加熱する。さらにオーブントースターで焼き色がつくまで4~5分焼く。お好みでチリパウダー適量をかける。

まとめ買いや頂きもので食べきれないフルーツも、冷凍保存を。切って保存すれば、少量だけ使いたいときにも使いやすい！

冷凍フルーツでおいしい
ドリンク＆デザート１

冷凍バナナ｛冷凍2週間｝

手軽に食べられるバナナですが食べきれずに傷んでしまうことも。あまったときは冷凍保存が◎。

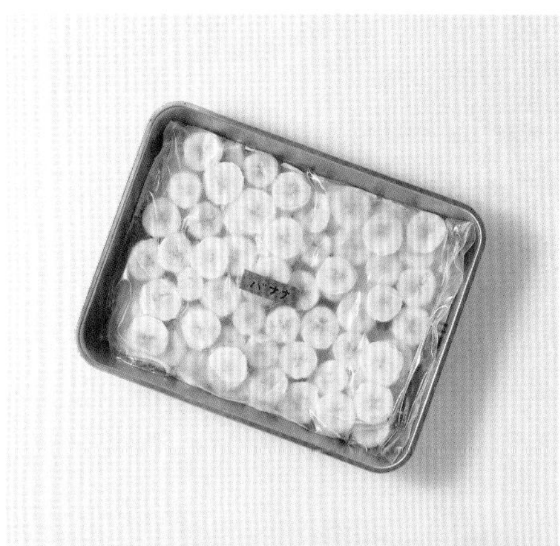

材料（作りやすい分量）

- バナナ……2本
- レモン汁……大さじ1/2

作り方

バナナは5mm幅の輪切りにし、冷凍用保存袋に入れ、レモン汁を加えて全体になじませる。平らにし、袋の空気を抜いて口を閉じ、バットにのせて完全に凍るまで冷凍する。

こんなデザートに！

- バナナケーキ
- バナナアイスクリーム

アレンジ

チョコレートバナナシェイク

チョコレートの風味がおいしいバナナシェイク。小腹が空いたときに飲んでも。

材料（1人分）

A
- 冷凍バナナ……1/4量
- チョコレートソース……大さじ1と1/2
- 牛乳……150ml
- 氷……3～4個

- チョコレートソース……適量

作り方

1 ミキサーにAを入れ、全体が混ざるまで撹拌する。

2 1をグラスに注ぎ、お好みでチョコレートソースをかける。

冷凍フルーツでおいしい
ドリンク＆デザート２

冷凍アボカド｛冷凍2週間｝

サラダなどのトッピングに便利なアボカド。レモン汁で変色を防いで。

材料（作りやすい分量）

- アボカド……2個
- レモン汁……大さじ1/2

作り方

アボカドは縦4等分にしてから7mm幅の薄切りにし、冷凍用保存袋に入れ、レモン汁を加えて全体になじませる。平らにし、袋の空気を抜いて口を閉じ、バットにのせて完全に凍るまで冷凍する。

こんなデザートに！

- サラダのトッピング
- オムレツの具

アレンジ

アボカドスムージー

ヨーグルトと牛乳のコクとはちみつの甘さで飲みやすいスムージー。

材料（1人分）

A
- 冷凍アボカド……1/6量
- プレーンヨーグルト……大さじ3
- はちみつ……大さじ1～2
- 牛乳……100ml
- 氷……3～4個

- はちみつ……適量

作り方

1 ミキサーにAを入れ、全体が混ざるまで撹拌する。

2 グラスに注ぎ、お好みではちみつをかける。

冷凍フルーツでおいしい
ドリンク&デザート3

冷凍レモン {冷凍1ケ月}

ちょっとだけ使いたいという
ときに便利な輪切りレモン。
肉や魚のソテーに添えても。

材料(作りやすい分量)

- 国産レモン……2個

作り方

レモンはしっかりと洗い、5mm幅の輪切りにし、冷凍用保存袋に入れる。重ならないように並べ、袋の空気を抜いて口を閉じ、バットにのせて完全に凍るまで冷凍する。

こんなデザートに!

- お料理の香りづけ
- レモンティー

アレンジ

レモンスカッシュ

シュワっとさわやかなレモン
スカッシュ。手作りだから、
自分好みの甘さで作れます。

材料(1人分)

- 冷凍レモン……3枚
- はちみつ……大さじ1~2
- 氷……適量
- 炭酸水……150~200ml
- ミント……適量

作り方

グラスに冷凍レモン、はちみつ、氷を入れ、炭酸水を注ぎ、しっかりと混ぜ、ミントを飾る。

冷凍フルーツでおいしい
ドリンク＆デザート4

冷凍ベリーミックス

{冷凍1ヶ月}

お好みのベリーで
作ってみるのもおすすめ！

材料（作りやすい分量）

・いちご……2パック
・ブルーベリー……2パック

作り方

いちごはヘタを取り除き、ブルーベリーと一緒に冷凍用保存袋に入れる。袋の空気を抜いて口を閉じ、平らにしたら、バットにのせて完全に凍るまで冷凍する。

こんなデザートに！

・スムージー
・ジェラート
・クラフティ

アレンジ

ベリージャム

ヨーグルトにかけたり、
トーストに塗っても◎。

材料（作りやすい分量）

・冷凍ベリーミックス……半量
・グラニュー糖……100～150g
・白ワイン……50ml
・冷凍レモン（P119）……2枚

作り方

1 鍋に冷凍ベリーミックス、グラニュー糖を入れてよく混ぜ、そのまま5分ほどおく。

2 **1**に白ワインを加えて蓋をし、中火にかけて10分ほど加熱する。蓋を外して冷凍レモンを加え、中火のまま15～20分煮詰める。

冷凍フルーツでおいしい
ドリンク＆デザート5

冷凍みかん

{冷凍1ヶ月}

半解凍してそのまま食べても
シャリっとしておいしい！

材料（作りやすい分量）

・みかん……12個

作り方

みかんは皮をむき、周りの白いスジをある程度取り除く。冷凍用保存袋に重ならないように入れ、袋の空気を抜いて口を閉じ、バットにのせて完全に凍るまで冷凍する。

こんなデザートに！

・ジャム
・コンポート
・ジュース

アレンジ

丸ごとみかんのゼリー

丸ごと入ったみかんがかわいい！
さっぱり食べられるゼリー。

材料（2人分）

・ゼラチン……5g
・冷凍みかん……2個
・サイダー……250ml
・砂糖……30g

作り方

1 ゼラチンは水25ml（分量外）で戻す。

2 鍋にサイダー、砂糖を入れて火にかけ、沸騰直前まで温まったら火を止める。**1**を加えてしっかりと溶かし、粗熱をとる。

3 グラスに冷凍みかんを入れて**2**を注ぎ、冷蔵庫で冷やし固める。

冷凍フルーツでおいしい
ドリンク&デザート6

冷凍りんごのコンポート

{冷凍1ケ月}

おしゃれなコンポートが
電子レンジで作れる！

材料（作りやすい分量）

・りんご（紅玉）……2個
・グラニュー糖……80g
・冷凍レモン（P119）……2枚

作り方

1 りんごは皮つきのままヘタと種を取り除き、12等分のくし形に切る。

2 耐熱容器に**1**を入れ、グラニュー糖を加えてまぶし、冷凍レモンを加える。ふんわりとラップをし、電子レンジで5分加熱し、そのまま2分ほどおく。粗熱がとれたら冷凍用保存袋に入れ、袋の空気を抜いて口を閉じ、平らにしたら、バットにのせて完全に凍るまで冷凍する。

こんなデザートに！
・りんごのケーキ
・ジャムとして使っても
・紅茶に入れてフルーツティー

アレンジ

サクサクアップルパイ

シナモンとりんごがマッチ
した春巻きの皮で作るパイ

材料（2人分）

・冷凍りんごのコンポート……1/4量
・春巻きの皮……小4枚
・バター（溶かす）……10g
A ・グラニュー糖……大さじ1
　・シナモンパウダー……少々
・揚げ油……適量

作り方

耐熱ボウルに冷凍りんごのコンポートを入れ、ふんわりとラップをして電子レンジで1分加熱し、水けを拭き取る。バターを塗った春巻きの皮に2切れのせ、**A**をふって巻き、巻き終わりに水溶き小麦粉適量（分量外）を塗って閉じる。180℃に熱した揚げ油で両面揚げる。

さくいん

野菜

さくいん

下味冷凍早見表

下味名	調味料
みそ漬け	みそ大さじ4、みりん大さじ4
甘辛じょうゆ漬け	しょうゆ大さじ2、砂糖大さじ1、酒大さじ1、七味唐辛子小さじ1/2~1、かつお節5g
ハニーマスタード	しょうゆ大さじ2、はちみつ大さじ2、粒マスタード大さじ2
ガーリックバジル	ドライバジル小さじ1、塩小さじ2/3、にんにく(つぶす)2かけ分、 白ワイン大さじ2、オリーブオイル大さじ1
塩麹チキン	塩麹大さじ4、煮切りみりん大さじ3
タンドリーチキン	塩小さじ2/3、カレー粉大さじ1、水切りヨーグルト大さじ4、中濃ソース、トマトケチャップ 各大さじ2、にんにく(すりおろし)小さじ1、しょうが(すりおろし)小さじ1
レモンハーブ	塩小さじ2/3、ドライバジル小さじ1、レモン(皮はすりおろし、果汁は搾る)1/2個、 オリーブオイル大さじ1
花椒みそ	みそ大さじ4、花椒小さじ1/2~1、ラー油大さじ1、みりん大さじ3
サラダチキン	塩小さじ2/3、煮切った白ワイン50ml、にんにく(すりおろし)小さじ1、オリーブオイル大さじ1
カレーチキン	塩小さじ2/3、カレー粉小さじ1と1/2、煮切った白ワイン50ml、はちみつ大さじ1
甘みそダレ	みそ大さじ4、砂糖大さじ1、みりん大さじ2
にんにくしょうゆ漬け	しょうゆ大さじ2、にんにく(すりおろし)小さじ1、みりん大さじ2
梅だし漬け	梅干し(叩く)4粒、薄口しょうゆ大さじ2、酒大さじ2、みりん大さじ2、かつお節5g
ケチャップ漬け	トマトケチャップ大さじ5、中濃ソース大さじ2、顆粒コンソメ小さじ1、こしょう小さじ1/3
コチュジャン漬け	コチュジャン大さじ4、しょうゆ大さじ1、酒大さじ2
はちみつしょうゆ	しょうゆ大さじ2、はちみつ大さじ3、みりん大さじ1
にんにくみそ	みそ大さじ4、にんにく(すりおろし)大さじ1、はちみつ大さじ4、酒大さじ3
粕漬け	酒粕(板)150g、みりん、はちみつ各大さじ2、塩大さじ2/3、しょうが(すりおろし)大さじ1
だししょうゆ	薄口しょうゆ大さじ3、みりん大さじ2、酒大さじ2、かつお節5g
ねぎみそ	長ねぎ(みじん切り)1本分、みそ大さじ3、砂糖大さじ1、酒大さじ2
ガーリックソース	にんにく(すりおろし)大さじ1、ナンプラー大さじ4、酒大さじ1
オイスターソース	オイスターソース大さじ3、しょうゆ大さじ1、しょうが(すりおろし)大さじ1/2
ゆず塩麹	塩麹大さじ4、煮切りみりん大さじ3、乾燥ゆず大さじ1
西京漬け	西京みそ大さじ6、煮切った酒大さじ3
みりん粕漬け	酒粕(板)150g、みりん、はちみつ各大さじ2、塩大さじ2/3、レモンの皮(すりおろし)1/2個分
ゆずこしょう漬け	ゆずこしょう大さじ1/2、薄口しょうゆ大さじ2、みりん大さじ2
しょうがじょうゆ漬け	しょうゆ大さじ2、砂糖大さじ1、酒大さじ1、しょうが(すりおろし)小さじ1
中華風みそ漬け	みそ大さじ2、オイスターソース大さじ1、砂糖大さじ1、花椒(ひいたもの)小さじ1
カレー塩麹	カレー粉大さじ1、塩麹大さじ4、はちみつ大さじ2
しょうゆ漬け	しょうゆ、はちみつ各大さじ2、しょうが(すりおろし)小さじ1、にんにく(すりおろし)小さじ1
ガーリックシュリンプ	にんにく(すりおろし)大さじ1、長ねぎ(みじん切り)1本分、ナンプラー大さじ3、 スウィートチリソース大さじ2
マヨネーズ漬け	マヨネーズ大さじ8、はちみつ大さじ2、ドライバジル小さじ1/2

目安量／おすすめ食材
600gあたり／豚肉、鶏むね肉、鶏ささみ、切り身魚
600gあたり／豚肉、鶏むね肉、鶏ささみ、切り身魚
600gあたり／豚肉、鶏むね肉、鶏ささみ
600gあたり／豚肉、鶏むね肉、鶏ささみ、切り身魚
600gあたり／豚肉、鶏むね肉、鶏ささみ、切り身魚
600gあたり／豚肉、切り身魚
600gあたり／豚肉、切り身魚
600gあたり／豚肉、牛肉、切り身魚
560~640gあたり／鶏むね肉
560~640gあたり／豚肉、切り身魚
400gあたり／豚肉、鶏むね肉、鶏もも肉、切り身魚
400gあたり／豚肉、鶏むね肉、鶏もも肉、切り身魚
400gあたり／豚肉、鶏むね肉、鶏ささみ肉
400gあたり／豚肉、牛肉、鶏もも肉
400gあたり／豚切り落とし肉、鶏むね肉、鶏もも肉
400gあたり／豚切り落とし肉、鶏むね肉、鶏もも肉
480~520gあたり／鶏むね肉、鶏もも肉、鶏ささみ
480~520gあたり／鶏むね肉、鶏もも肉、鶏ささみ、切り身魚
400gあたり／ひき肉全般
400gあたり／ひき肉全般
400gあたり／ひき肉全般
400gあたり／ひき肉全般
480~520gあたり／豚肉、鶏むね肉、鶏もも肉、鶏ささみ肉
480~520gあたり／豚肉、鶏むね肉、鶏もも肉、鶏ささみ肉
480~520gあたり／豚肉、鶏むね肉、鶏もも肉、鶏ささみ肉
480~520gあたり／豚肉、鶏むね肉、鶏もも肉、切り身魚
480~520gあたり／豚切り落とし肉、鶏むね肉、鶏ささみ、切り身魚
480~520gあたり／豚肉、鶏むね肉、鶏もも肉、鶏ささみ、切り身魚
480~520gあたり／豚肉、鶏むね肉、鶏もも肉、鶏ささみ、切り身魚
480~520gあたり／豚肉、切り身魚
300gあたり／豚肉、牛切り落とし肉、鶏むね肉、鶏ささみ
300gあたり／鶏もも肉、鶏むね肉、鶏ささみ

レシピ作成・調理・スタイリング
上島亜紀(かみしまあき)

料理家・フードコーディネーター&スタイリストとしてメディアや女性誌を中心に活動。企業のレシピ監修、提案も行う。パン講師、食育アドバイザー、ジュニア・アスリートフードマイスター取得。簡単に作れる日々の家庭料理を大切にしながら、主宰する料理教室「A's Table」では、楽しくて美しいおもてなし料理を提案。著書に『一度にたくさん作るからおいしい煮込み料理』(成美堂出版)、『驚くほどおいしい 電子レンジ料理100 火を使わずに簡単時短クッキング』(学研プラス)、『無水調理からパンまで 何度も作りたくなるストウブレシピ』(ナツメ社)などがある。

本書に関するお問い合わせは、書名・発行日・該当ページを明記の上、下記のいずれかの方法にてお送りください。電話でのお問い合わせはお受けしておりません。
・ナツメ社webサイトの問い合わせフォーム
https://www.natsume.co.jp/contact
・FAX(03-3291-1305)
・郵送(下記、ナツメ出版企画株式会社宛て)
なお、回答までに日にちをいただく場合があります。正誤のお問い合わせ以外の書籍内容に関する解説・個別の相談は行っておりません。あらかじめご了承ください。

考えなくていい 冷凍作りおき
2020年4月2日 初版発行
2022年7月10日 第8刷発行

著者
上島亜紀 ©Kamishima Aki, 2020

発行者
田村正隆

発行所
株式会社ナツメ社
東京都千代田区神田神保町1-52 ナツメ社ビル1F(〒101-0051)
電話03-3291-1257(代表) FAX 03-3291-5761
振替00130-1-58661

制作
ナツメ出版企画株式会社
東京都千代田区神田神保町1-52 ナツメ社ビル3F(〒101-0051)
電話03-3295-3921(代表)

印刷所
図書印刷株式会社

ISBN978-4-8163-6804-2
Printed in Japan

ぬいぐるみ(白クマ)協力
COLORATA.
カロラータ株式会社

staff
撮影
松島均
デザイン
三木俊一+髙見朋子(文京図案室)
調理アシスタント
常峰ゆう子
編集協力/執筆協力
丸山みき(SORA企画)
編集アシスタント
岩本明子+樫村悠香(SORA企画)
編集担当
遠藤やよい(ナツメ出版企画)